If you want more time for yourself,you don't react too much.
You can react simply with the relationships based on trust.

先生のための塩対応の技術

峯岸久枝
Hisae Minegishi

　日頃関わっている子どもたちが、この先の未来を創っていくと考えると、教師は未来の担い手を育てる重要な役割を担っていると言えるでしょう。

　しかし、教師の現実は、目の前の業務に追われ、教師として何をすべきか、何がしたかったのかわからなくなってしまうほど多忙な状況です。生徒・保護者・同僚など、関わる人が多い中、一つひとつの仕事にじっくりと取り組むことはできず、マルチタスクを回していかなければなりません。平日は朝早くから夜遅くまで学校にいて、土日も部活動や大会の引率、学校行事などの業務があり、生徒と関わる時間をなんとか作ろうとするものの、なかなか難しい現状です。さらに、学校でできることばかりではなく、自宅に仕事を持ち帰ることもあり、プライベートな時間を犠牲にすることも少なくありません。

　周囲からは、教師は常にフロントに立ち、どのような相手にも真摯に対応することが期待されています。その対応が悪ければ、反発や反抗、不信感を生むことになり、なかなかこちらを向いてくれなくなってしまいます。だからこそ、教師は丁寧に対応すべき、と言われることが多いのです。

　しかし、一人でうまく対応できることばかりではありません。頼みの綱である同僚は、異年齢層で意識を共有することができず、それぞれの立場や自分の都合を優先することもあり、その結果、仕事を振られても何も言わずにうまくこなすことができ

る「いい人」のところに、仕事が集まってしまっている状況があります。経験年数と年齢が上がれば上がるほど、より多くの仕事を抱えなくてはならないこともあるかもしれません。教師不足の中、一人が頑張らなければならない状況に、誰にもヘルプを出せず、自分一人で仕事や悩みを抱え込んでいる人も多いようです。

　このような働き方は、幸せなのでしょうか。
　あなたが教師としてしたかったことは何でしたか。
　あなたの対応方法は、正しいのでしょうか。

　本書は、これらの問いの参考になるものです。24の事例と、それぞれについての問い・視点を通して、日々の関わりや業務を見直すきっかけにしてみてください。
　学校で気を張って全力で頑張って、家に帰ったら疲れて何もできない、というネガティブなスパイラルから抜け出るためのヒントが「塩対応」なのです。省エネでも冷たい対応でもない、信頼関係に基づく「塩対応」を身に付けて、あなたと関わった全ての人が「いい教師に巡り合えた」と思ってくださると幸いです。

もくじ

CONTENTS

序章

「塩対応」の原点

「塩対応」の基本

第3章 同僚 編

第4章 仕事全般 編

塩対応への質問

本書の見方

①相手／場面　②困っている事例　⑤本質的な問い

①相手／場面

②困っている事例

⑤本質的な問い

③やりすぎ対応の例

④背景にある考え方

⑥考える上でのヒント

❼塩対応の例

❾塩対応の技術

○ 塩対応の例

GOOD **生徒を客観的に観察し、忘れ物の原因を探る。**

なぜ、塩対応がよいのか？

忘れ物をする理由は、生徒それぞれ異なります。

もうっかり忘れてしまうことはあるので、教師が生徒全員に向けて「忘れ物をしないように」と注意を促すことは、大切なことです。しかし、教師がその注意をしているときに、当の生徒は教師の言った言葉を理解し、受け止めているでしょうか。もしかしたら、他のことを考えていたり、聞こえてはいるけど、右から左に抜けたりしているかもしれません。

「いつも決まった生徒が忘れてくる」「特定の科目の提出物を出さない」などは、単なるうっかりミスではなく、背景に何かある可能性もあります。頭ごなしに注意するのではなく「伝わっていないかもしれない」と想定し、個別に指示を出したり、メモを取らせたりしましょう。

塩対応の技術

教師は、「学校にいるうちは何とかなっても、社会に出たら本人が困るから在学中になんとかしてあげたい」と思いがちです。そう考えること自体は悪いことではないのですが、教師の指導で変えられることとそうではないことがあります。

そもそもこの生徒の忘れ物ぐせはいつからなのでしょうか。幼少期から続いているものなのか、最近始まったことなのか。また、授業に関する忘れ物だけなのか、部活動や自分の遊びの予定まで忘れてしまうのでしょうか。これらのことについて、客観的に観察したり、本人や保護者に確認したりしてみましょう。場合によっては、スクールカウンセラー等の専門家に協力を求め、本人の困り感を把握してから対応することで、生徒のモヤモヤと教師のイライラが減ります。

「いつもだらしない生徒」という固定観念から少し離れて、生徒を客観的に観察してみましょう。

❽塩対応の考え方

序章

「塩対応」の原点

「若いからいいね、昔はね……」

　私は、教師になる前は教育とは全く関係のない企業で、会社員をしていました。その中で、学校教育全般に疑問をもち、大学に編入。会社員をしながら教育実習に行き、教員免許を取得、20代後半で採用試験に合格したというキャリアです。

　転職した当初は、わからないことばかりでありながら、妙に自信があって、「**何でも自分で解決できる**」、「**生徒のためには私が何とかしてあげないといけない**」、と強く思っていました。

　先輩教師から「わからないことは何でも聞いて」と言われて質問をすると、必ずと言っていいほど答えは「前の学校では……」「昔は……」。それを聞くたびに、それって現代でも通用するものなのだろうか? と、不思議に思っていました。「**教師の世界は独特で、古き良き時代が継続しているのかもしれない……**」。そう思って我慢していましたが、昔にタイムスリップするような助言にうんざりし、先輩教師に質問することはなくなりました。とはいえ、教師初心者の私が先輩の話を聞かないの

は失礼だ、嫌われてしまうかもしれないと思い、無理に話を合わせたり、気の進まない飲み会や研究会にも参加したりしていました。いま思うと、よくやっていたなと思います。

「若手教師のうちは何でも勉強だよ」と言われ、**校内で雑用のような仕事ばかりを任されることもありました**。早く教師の仕事に慣れようと、工夫したり努力したりしているのに、周りはそうは思ってくれませんでした。私が仕事を簡単にこなしているように見えたようで、「**若いからだね～**」「**能力が高いね～**」などと揶揄されて、嫌な思いをすることもよくありました。

そんな同僚との関係に疲れたときは、ますます生徒への指導に熱が入りました。教師として生徒に100％の力を投じていると実感できるときが、最も幸せな時間でした。若かったから疲れなかった、というよりは、**これが正しいと信じてがむしゃらに仕事をこなし、疲れを感じないようにしていたのかもしれません**。

仕事上の関係と割り切る

当時の私は、どこに力を注いで、どこで力を抜けばよいのかわからずに、ただ一心に走っていました。周りの教員から何と言われようと、**良い授業をしよう**、**良いクラスを作ろう**、**生徒や保護者の期待に応えよう**と自分でプランを考え、生徒の変化や成長を見ること、生徒から慕われることで、同僚とのイライラを解消していたように思います。

同僚との関係は大切ですが、気を遣いすぎて疲れてしまうの

では本末転倒です。べったりと仲良くするよりも、仕事上の関係性を維持し、**ほどほどに関わるくらいのほうが、結果的に生徒に使える時間と力が残せるのではないか**と、しだいに思うようになりました。

　学校特有の世界に染まりつつあった頃、ふと思いました。**教師である前に一人の人間として、社会の一員として自分ができること、役立つことを探したい**。それには、目の前のことだけを見るのではなく、**外に目を向けて自分自身を活かせる場所や人間関係を築く努力をしなければ**と。そのためには、学校にいる時間をできるだけ減らす工夫が必要であると。これが仕事における「塩対応」の原点です。

出来事①生徒の態度が急変した

　そのような生活をしていて、価値観が大きく変化する出来事が2つ起きました。

　1つは、生徒の態度が急変し、作り笑いを浮かべられ続けたことです。この生徒は、高校1年生のときから担任をしていた生徒で、**私としては信頼関係が築けているつもりでいました。**課外活動や部活動においても積極的で前向きだったので、成長や活躍を嬉しく思っていましたし、考えていること、悩んでいることも私に話してくれていたので、この生徒のことを理解しているつもりでした。しかし、ある時から、急に何も話さなくなり、質問しても「別に関係ない」「もう話したくない」などと言うようになったのです。

そのとき、**学校で見せている顔は、その生徒の一部であり、生徒の家庭環境や生活世界は別にある**ということ、アルバイトや地元の友だちとの関係など、わかっているつもりだったけれど、わかっていなかったと反省させられました。生徒のためになれば、と思って介入しても、**私にはどうにもならないことがたくさんある。100％で向き合うことが本当に正しいことなのか、教師の単なる自己満足なのではないか**、と立ち止まるきっかけになりました。

出来事②保護者からのクレーム

もう1つは、部活動で関わっていた保護者から、いわれのないクレームをつけられたことです。私自身が経験したことのない運動部の顧問でしたが、技術指導ができないながらも、朝練や合宿、練習の手配をしたり、暑い中でも近くで見守ったりと一生懸命に指導してきたつもりでした。なのに、どうしてそのようなことを言われなければならないのか、と**心底やるせない気持ちになりました**。

どちらの出来事も、自分としてはこれまでかなり力を入れてきていた場面で、うまく対応できていると思っていました。しかし、私が100％で対応しても、生徒や保護者はそれを望んでいるとは限らず、**こちらがしたことと相手の思いがかけ離れていることもある**のだとわかり、激しい徒労感を味わいました。その様子を見て、先輩教師に「入れ込みすぎなんだよ」と言われました。これもわかっていたつもりですが、改めて言われる

と、かなりショックでした。

　教師が100％で対応しても、生徒や保護者にとっては、やりすぎだったり、負担に思われたりすることもあるのです。そうだとすれば、相手の状況を見極めた上で、適切な％で対応するほうが「寄り添ってもらえた」と感じられるのかもしれない、そう思うようになりました。

　この２つの出来事がきっかけとなり、生徒との関わりやクラス経営、部活動指導について、**どの力加減がベストなのか**を、改めて考えるようになりました。これまでは当たり前だと思っていた「**全員進級、全員卒業、全力で取り組むクラス**」のようなクラス経営目標さえも、それは果たして正しかったのか、と疑うようになりました。

結局、誰も助けてくれない

　そして30代にさしかかり、中高一貫教育校へ異動になりました。新しいチャレンジだったので、生徒のやる気と学力の高さ、保護者の熱心さに応えようと、目の前にあることをひたすらに乗り越えていこうとしていました。これまでの気付きを活かして、生徒や保護者と一定の距離は保ちつつも、クラスの生徒に頑張ってもらいたいという気持ちから、「もっと、もっと」という気持ちが強くなり、**いつのまにか100％、それ以上を目指**していました。このときもまだ、「**力を抜く**」ということは、「**手抜き**」だと思っていました。教師の対応はダイレクトに相手に伝わるし、相手から求められるものも多いので、NOと言

わないことが誠実だと思っていました。

　そう思っていたとき、また価値観を変えるような出来事が起きたのです。中学生の担任をしているときに、保護者に「**生徒指導が厳しすぎる**」とクレームをつけられました。3年間、正しいことをきっちり指導してきたのに、「訴えるぞ」とまで言われ、なぜ私だけこんな思いをしなければならないの？ と思いました。その様子を見ていた同僚たちは、心配していると言葉では言っても、何も・誰も助けてはくれませんでした。周りで手を抜いたり、気を抜いたり、ドジばっかりしているテキトーな人のほうが良いとされる状況や環境に腹が立ち、がっかりし、とても残念な気持ちになりました。それと同時に、**自分の身は自分で守るしかないのだ**、と強く思うようになりました。これが保護者への「塩対応」の原点です。

やりすぎ対応から「塩対応」へ

　その後の3年間は担任を外れたので、中学3年間に担任した子たちを高校卒業まで見守ろうというスタンスに変更しました。**生徒に何かを言いたくなっても、まずは見守る姿勢を貫きました**。また、担任外という立場に変わっても、相談があればきていいし、話したいことがあれば話にくればいいという「待ち」の姿勢を生徒にも示しました。生徒からすると、私と話すと、もっと踏み込んでくると想像していたので面食らった部分はあるようでしたが、**生徒自身が自分で決断できるようになることはWinで、教師も適度の力で対応するのはWin**だと思うように

なったのです。これが生徒への「塩対応」の原点です。

　相手にどっぷりの対応（やりすぎ対応）をすると、うまくいかず、教師の主観や力が入りすぎてしまって、かえって逆効果になることもあります。むしろ、ちょっと引いた対応（塩対応）をするほうが、相手（生徒・保護者など）の持ち味をうまく出せるのかもしれないと思うのです。その人自身、無味ということはなく、元から味がついていて、こちらが一定の甘さや辛さで対応するのでは、その味は失われてしまうかもしれません。むしろ、**その人に応じてこちらの対応のさじ加減を変えることが大切**なのでは、と思うのです。

　また、同僚との関わりや、仕事の仕方なども、どっぷりではなく、「塩対応」を心掛けることで、無駄に時間をとられることなく、**自分が本来やるべきことに集中することができるようになりました**。読者の皆さんの中にも、意外と、同僚や先輩教師への対応で困っている方は多いのではないでしょうか。

　次項から、「塩対応」の基本について紹介します。

「塩対応」の基本

「塩対応」の効能とは？

　「塩対応」と聞くと、冷たくドライに対応するということを想像される方もいるでしょう。もしくは、省エネをして、生徒との関わりを意図的に減らすこと、と誤解されてしまうかもしれません。本書の**「塩対応」は、ただ単純に冷たい対応をするということではありません**。生徒・保護者・同僚と関わるときに、全力の**100％であたるのではなく、教師としての対応を一歩引いた場面から眺めて、適切なさじ加減で対応することです。**

　なぜ「塩対応」がいいのか、「塩対応」をすることによる５つの効能をお伝えします。

> **「塩対応」の５つの効能**
> ①相手に自分で考えさせることができる
> ②相手が自走する仕組みを作ることができる

効能の①②は相手（生徒や保護者など）を成長させることに
つながります。
　自分で考えさせることにより、相手が人に頼らずに自分で考
え、行動できるようになります（①）。教師が手取り足取り指
導をするのではなく、相手が自走できる仕組みを作ることにつ
ながります（②）。

③やりすぎにならず、適切な距離感で対応できる
④自分の感情や対応を客観的にとらえられる
⑤教師自身を守ることができる

　③〜⑤は教師自身を守ることにつながります。自分の身は自
分で守るしかない、と前述しましたが、熱心に対応するあまり、
目的を見失ってしまったり、がむしゃらに働きすぎてしまった
りして、気づいたら心と体が悲鳴を上げていることがあります。
自分と相手との間に見えない線を引くことで、適切な距離感で
対応できるようになります（③）。また、感情的になったり、
熱くなったりしてしまうことも、「何のため？」「誰のため？」
と立ち止まって考え、自分の感情を客観的に見つめることで、
正しくとらえ直すことができるのです（④）。これらを身に付
けることは、最終的に教師自身を守ることになります（⑤）。
　「塩対応」で大切にすべき視点は、**相手との距離**です。目の
前の相手を客観的に見て、**自分との距離を自在に変えていくこ
と**が求められます。

「塩対応」のゼロ段階

とはいえ、いつでも誰にでも「塩対応」をしてよいというわけではありませんし、**全てのケースで「塩対応」が万能に効くわけではありません**。そこでここでは、「塩対応」をすべきかどうか判断する際のゼロ段階の３カ条をお伝えします。

> **「塩対応」のゼロ段階の３カ条**
> ①対象のことをよく見る・観る・診ること〈観察〉
> ②自分に何が求められているのかを考えること〈役割〉
> ③この対応は誰のためになるのか、どんな良いことになるのかを考えること〈効果〉

教師の仕事は、人と関わることが中心です。授業や生徒指導の場面で、生徒の表情や行動を見て教師が対応を変えることが求められます。本書の「塩対応」は、生徒に限らず保護者や同僚、事務作業などにも応用できるものなので、**相手がどのような立場の人でも物でも、対象のことをよく〈①観察〉することが必要**です。いま私に話しかけている人は笑っているのか、怒っているのか、どのような目的で近づいてきているのか、まずはよく観察しましょう。たとえ相手がマスクをしていたとしても、電話で話していたとしても、少しの変化に気付いて、感じ取ることができるはずです。

例えば、生徒が悲しそうな顔をしていたら、話を聞いてほしい

のか、そっとしておいてほしいのか、慰めてほしいのかを観て〈①〉（場合によっては"診て"）、**自分に求められている〈②役割〉は何かを考えます**。そっとしておいてほしいなら、その言葉通り、触れずに距離を置くのがよいのですが、慰めてほしい場合はどうでしょうか。その生徒のために、強い口調で話すことは避け、優しい言葉をかけます。**この対応が、相手のためになるのか〈③効果〉を見極める**のです。悲しそうな状態から復活の兆しが見えたときには、相手に向かってほしい方向へ対応を変化させていきます。前向きに取り組む方向へ向かせたいのであれば、背中を押すために、優しい対応からやや強めの対応へ変化させます。そして、最終的に、生徒自身で頑張ってほしいときには、自律を促す効果を狙って、**塩対応へと移行**していくのです。

「塩対応」基本の３か条

「塩対応」は、**自分が楽をするためにするわけではありません**。やり方を間違えると、周りから「楽をしているだけ」と誤解されてしまう危険があります。いざ「塩対応」をするときの基本の３カ条をお伝えします。

> **「塩対応」の基本の３カ条**
> ①信頼関係をベースに、相手に愛情をもって接すること
> ②温かさと冷たさを段階的に分けること
> ③時と場合によって、適度に距離感を変えること

信頼関係の築き方については次の項目で詳しく説明しますが、**信頼関係のない状態の「塩対応」は、雑、冷たい、手抜き、ビジネス的な教師だと思われてしまう恐れがあります。**そう思われると、こちらが伝えたかった意図がうまく伝わらなかったり、誤解されてしまったりして、その後の対応が複雑化してしまいます。**信頼関係の上に「塩対応」がある**、と肝に銘じておきましょう。

　そして、「塩対応」の根本は、相手（特に生徒）への愛情です。この人のために、どのように手を貸そうか、いつ手を放そうか、最後はどのように手を振って送り出そうか、という長期的な計画の中の一つが「塩対応」なのです。**温かさと冷たさを段階的に分けつつ、一人の人間として向き合いましょう。**

　ただし、個人はみな別の個体です。同じ景色を見ていたとしても、隣にいる人と思っていることや感じていることは異なるという場合も多いのです。「わかりあえないことの方が多い」という前提のもとで、時と場合によって適度な距離感で接しましょう。

それぞれが得られる効果

　「塩対応」により、相手（生徒）にとって、教師にとって、自分自身にとって、それぞれに得られる効果があります。

●相手（生徒）にとって

　教師が関わりすぎると、生徒が自分で決定することを恐れたり、ためらったりするようになってしまいます。また、自律的に思

考・活動することができなくなり、依存的になりがちで、人のせいにすることも増えてしまいます。学校から社会への移行を視野に入れ、生徒自身の将来を考えたときに、常に教師が手綱を強く握るのではなく、**最後は生徒が一人で判断できるように手を離してあげることが必要**です。塩対応にはその効果があります。

●教師にとって

　教師自身の時間や人生の全てを学校に捧げる時代ではありません。教師が100％で対応することを目指しすぎて、心身の不調をきたしたり、働きがいややりがいを見い出したりできないのでは、生徒も教師も、学校も不幸です。**塩対応を駆使することで、教師として最大のパフォーマンスを発揮できるような環境を作ることができる**のです。

●自分自身にとって

　私たちは、教師である前に一人の人間です。人格や人権があり、尊重されるべきものです。学校を変えたい、社会を変えたいと思ったら、最初から大きな変化を目指すのではなく、一人ひとりが少しずつ変わっていくしかありません。「塩対応」はその一つのチャレンジです。**他人から要求されたことに全て応えるのではなく、自分の頭で考え、必要かどうかを判断し、自分自身を守ることが大切**です。

　以上のように、「塩対応」は教師であれば、**誰もができる対応であり、誰もがすべき対応**です。相手の様子や反応を見ながら、その変化を察することのできる教師だからこそ、相手によってさじ加減を変えることができるのです。

信頼関係の築き方

　25ページで「塩対応」の根本は、相手への愛情であると述べました。**その愛情は何によって育まれるかといえば、それは教師と相手の信頼関係です**。私の考える信頼関係を築くための10カ条は、以下の通りです。

信頼関係を築くための10カ条
　①心を開いて自分のことを話し、相手に「この人になら話せる」と思わせること
　②相手の話を最後まで聞くこと
　③自分の主張を押し付けないこと
　④相手がわかるまで、わかりやすい言葉で話すこと
　⑤自分にできないことは正直に伝え、ごまかさないこと
　⑥安易に頷かず、知ったかぶりをせずに聞くこと
　⑦決めた約束は守る、守れない約束はしないこと
　⑧妙なこだわりやプライドはもたず、意地を張らないこと
　⑨記憶や感情でなく、事実や記録に基づいて話すこと
　⑩どんなことがあっても、相手と関わることを諦めないこと

　例えば、生徒に「心を開いて、何でも話してね」と言っても、信頼関係のない状態では、生徒は当たり障りのないことしか言いません。教師自身の失敗談や、その生徒と同じ時期に悩み、

迷い、試行錯誤していたことを正直に話し、**等身大の姿を隠さずに見せること**が大切です。教師としてのポリシーやプライドは時には必要ですが、信頼関係を構築する最初の段階では、むしろそれが邪魔をします。まずは、自分のことを話して、相手の話は途中で遮らずに聞くことが大切です。

そして、相手のペースに合わせて話を聞いたり、共感したりすることも必要です。特に、保護者と話をするときは**嫌われないように、信頼してもらえるように、と背伸びをしがちですが、それは逆効果**です。教師として経験していないことはあくまでも想像でしかなく、実体験をもとに対応することはできません。山に登ったことがない人が、登山の過程の苦しさや登頂のすばらしさを語れないのと同じです。未経験の部分について、ごまかしたり嘘をついたりすると、不信感をもたれてしまいます。**自分にできること、できないことを相手が不安にならない程度に率直に話して**、距離を縮めてみましょう。

信頼関係が築けていれば、何かトラブルが起きたときに収拾することが容易になります。しかし、信頼関係を構築する段階でうまくいかなかったり、不信感をもたれてしまったりすると、後々関係がこじれ、より多くのエネルギーを費やさなければならなくなってきます。

信頼関係の構築には少し時間がかかりますが、**最小限の投資（信頼関係の構築）で最大限の結果（塩対応による効果）を得る**ためには、一見すると遠回りと思えるような一定量の投資を惜しまずに注ぐことが必須なのです。

第1章

生徒

編

生徒が「先生、相談があります」と言ってきた

 やりすぎ対応とその結果

BAD 何でも相談にのるよ！と、意気込んで話を聞き、寄りかかられてしまう。

> 先生にまかせろ！

なぜ、そうしてしまうのか？

　教師は、生徒が言いづらいことを話してくれたとき、何とか解決してあげようと思ってしまうものです。深刻な話題やデリケートな悩みに直面したとき、教師の感情が揺れ動いてしまい、「寄り添う」つもりが、いつしか「寄りかかられて」しまうのです。

Let's think!

本当に教師が解決できるような問題か？

相談したい
事柄の原因は
複雑にあるのでは？

生徒から
頼られすぎて
教師自身の
メンタルヘルスは
大丈夫？

生徒自身の
気持ちや行動が
変わらないと
解決しないことも
あるのでは？

塩対応の例

GOOD # 相談事10のうち、教師が 聴くのは2までと線を引く。

　生徒の話を聴いてあげることはできても、「先生が何でも解決してくれる」と期待させすぎてしまうのは逆効果です。例えば「先生、親が家出をしているから、バイト代が出るまで千円貸して」と言われたらどうでしょうか。千円を貸すことはできますが、それは安易な対応です。なぜ親が家出をしたのか、家庭の状況はどうなのかなど、いろいろと聞いてみないとわかりません。虐待（ネグレクト）の可能性も考えられます。本人にきょうだいがいる場合、その関係性も把握する必要があるでしょう。

　しかし、そうなってくると家庭の重大な問題であり、専門機関に繋ぐべきレベルです。学年主任や管理職に相談し、今後の対応を考えましょう。担任としてできることは、専門機関に繋いだあとに「その後、どうなった？」とこまめに声かけをして様子を見守ることです。

塩対応の技術

　まずは話を「受け止める」態度で話を聴きましょう。そして、教師が解決できる種類の問題かどうかを冷静に判断しましょう。

　生徒の相談事を10としたとき、教師は7～8で受け止めたという態度を見せます。「先生が話を聴いてくれた」という実感を生徒に残しつつ、教師が全てを解決できるとは限らないことを示す必要があります。したがって、実際の対応イメージは、

・教師が話を聴く　2割　　・同僚に相談して共有する　2割
・保護者や家庭環境の要因を考える　2割
・生徒自身に考えさせて行動をさせる　2割
・必要であれば専門機関や専門家に繋ぐ　2割　　です。

　生徒の気持ちや状況を理解しようとすればするほど、のめり込みすぎてしまいますし、感情移入してしまいがちです。

　生徒の抱えている課題や不安を解消してあげたいという気持ちは大切ですが、教師ができることには限界があると割り切り、自分の気持ちと切り分けて考えましょう。

毎回、忘れ物をしてくる生徒がいる

BAD 忘れ物をしなくなるまで一生懸命に指導するものの、全く改善されない。

なぜ、そうしてしまうのか？

忘れ物をする生徒→生徒の不注意である→生徒の努力が足りない→もっと頑張れるはずだ、という想定があるからです。忘れ物をすること自体は無くせること、努力すればできること、と思っているので、全体に向けて何度も注意したり、忘れ物を無くそうキャンペーンをしたりします。

生徒の忘れ物は
何度も言えば
直るのか？

忘れ物が続くのは、
単なる「不注意」や
だらしなさが
原因ではないかも？

幼少期や
小学生の頃から
忘れ物が多かったの
かもしれない？

言い訳を
ひたすら聞くことで
行動は変わるの？

塩対応の例

GOOD 生徒を客観的に観察し、忘れ物の原因を探る。

なぜ、塩対応がよいのか？

　忘れ物をする理由は、生徒それぞれ異なります。

　誰しもうっかり忘れてしまうことはあるので、教師が生徒全員に向けて「忘れ物をしないように」と注意を促すことは、大切なことです。しかし、教師がその注意をしているときに、当の生徒は教師の言った言葉を理解し、受け止めているでしょうか。もしかしたら、他のことを考えていたり、聞こえてはいるけれど、右から左に抜けたりしているかもしれません。

　「いつも決まった生徒が忘れてくる」「特定の科目の提出物を出せない」などは、単なるうっかりミスではなく、背景に何か原因がある可能性もあります。頭ごなしに注意するのではなく「伝わっていないかもしれない」と想定し、個別に指示を出したり、メモを取らせたりしましょう。

塩対応の技術

　教師は、「学校にいるうちは何とかなっても、社会に出たら本人が困るから在学中になんとかしてあげたい」と思いがちです。そう考えること自体は悪いことではないのですが、教師の指導で変えられることとそうではないことがあります。

　そもそもこの生徒の忘れ物ぐせはいつからなのでしょうか。幼少期から続いているものなのか、最近始まったことなのか。また、授業に関する忘れ物だけなのか、部活動や自分の遊びの予定まで忘れてしまうのでしょうか。これらのことについて、客観的に観察したり、本人や保護者に確認したりしてみましょう。場合によっては、スクールカウンセラー等の専門家に協力を求め、本人の困り感を把握してから対応することで、生徒のモヤモヤと教師のイライラが減ります。

　「いつもだらしない生徒」という固定観念から少し離れて、生徒を客観的に観察してみましょう。

● 生徒／日常・面談で

自分で考えずに、教師に指示を求めてくる

やりすぎ対応とその結果

BAD **生徒に聞かれたことに真面目に答えた結果、"指示待ち生徒" にしてしまう。**

なぜ、そうしてしまうのか？

　「生徒から聞かれた質問には教師は誠意をもって対応すべきである」、「生徒の期待に応えることで、信頼関係が築けるのだ」と考えているからです。実際は、生徒と教師が「対話」をした方が互いの思いが理解でき、本当の信頼関係につながります。

Let's think!

相手に指示を求めただそれに従う生徒この先どうなってしまうのか？

> ラクに答えや
> 方法を知りたい
> 近道をしたい
> という気持ちを
> 尊重していいの？

> ひょっとして
> 大人の顔色を
> 窺ったり
> 忖度をしたり
> しているのでは？

> 生徒は自分で
> 答えを出すことや
> 物事を決定することを
> ためらっている？

GOOD

「あなたはどう思う？」「どうしたら良いと思う？」と、聞き返す。

なぜ、塩対応がよいのか？

　生徒にとっては、人間関係の中で、時には思い通りにならないことがあること、時には自分で考えて発言したり行動したり、工夫したりすることが必要だと知ることも大事です。また、在学中に限らず、社会に出てからも、相手の顔色や反応ばかりを気にして、自分の考えや態度を変えるようになると、いわゆる「指示待ち」になったり、相手の要望に合わせて忖度をしたりすることになりかねません。相手はどう思っているのか、と想像したり考えたりして発言・行動することは大切なことです。しかし、必要以上に相手に合わせたり、指示を待ったりしている生徒は、注意が必要です。

　自分が発言したことや行動したことに対して、「これって正解ですか？」と、人に答え合わせをするのではなく、自らの考え方やその理由をもてるようにするために、教師側の塩対応が必要なのです。

塩対応の技術

　「先生、次どうしたらいい？」と聞かれたら、「どうしたら良いと思う？」と、聞き返す習慣をつけましょう。また、クラスの話し合いなどで「同じ意見です」「特にありません」などの主体性のない発言をしたときは、「なぜそう思ったの？」「それで？」などと突っ込んで聞いてみましょう。主張が強い生徒のそばにいる「ちょっと静かな生徒」は、特に要対応です。

　自転車の補助輪と同じでまずは補助輪付きで走らせて、徐々に自走させます。学習面でも、短い文章で書けるスペースを作って生徒自身、自分の考えや意見を書かせる機会を設けたり、〇・△・×を選ぶだけで自身で評価できるようなワークシートを作成したりして考えを表現させる練習をさせます。

　注意すべき点は、クラスが、自分の意見を言えるような雰囲気になっているかです。温かい雰囲気の中に、教師がスパイスを加えるつもりで対応することで、生徒は甘い部分だけでなく辛い部分も受け止められるようになるのです。

あなたは
どう思う？

● 生徒／日常・授業や面談で

欠席や遅刻が多く、進級・卒業が危うい生徒がいる

 やりすぎ対応とその結果

BAD 生徒本人の意志を聞かずに
教師の価値観を押し付ける。

なぜ、そうしてしまうのか？

　教師は、生徒の将来のことを考えて「きちんと卒業してほしい」「留年はしてほしくない」という思いを抱いていることが多く、できる限り欠席や遅刻をさせないように指導をしています。これ自体は悪いことではなく、保護者の思いとも一致することが多いのです。

進級・卒業にこだわらず、生徒に他の選択肢を見せることも必要では？

教師の「こうあるべき」という考えは、生徒の「こうしたい」と合っているか？

生徒の「学校に行きたくない」という気持ちは現実逃避かSOSか？

生徒のためになるはずだという思い込みは重すぎるのでは？

塩対応の例

GOOD 生徒が将来の選択肢をもてるよう、情報提供に徹する。

なぜ、塩対応がよいのか？

　そもそも教師の役割は、生徒が自らの生き方を考え、主体的に進路を選択することができるように指導することであり、生徒が迷っているときに言葉がけをしたり、不安なときに背中を押したりすることです。教師は、前に立って生徒を先導する立場ではないのです。

　当たり前のことですが、担任が生徒の人生を全て背負えるわけではありません。「クラス全体で一致団結して行事を盛り上げよう！」ということと、「全員で進級・卒業しよう！」ということは、似ているようで全くの別物です。

　生徒が「進級・卒業ができない」という現実と向き合って、その中で考えられる選択肢から、自分が望んだ生き方を選ぶことこそが、生徒にとって最も大切なのです。

　教師が自分の価値観を押し付けるのではなく、生徒が適切な選択ができるようにサポートすることが必要なのです。

塩対応の技術

　「全員で遅刻・欠席ゼロ」「全員で進級しよう」をホームルーム経営の目標にする担任がいます。そのこと自体は悪くないのですが、それは誰のためでしょうか。生徒が社会に出てから困るからという以外に、「自分のクラスから転学・退学者」を出したくない、と思ってはいませんか。

　悩んでいる生徒がこのままこの学校で進級・卒業したいと考えているのなら、担任の熱心な指導も大切です。しかし、生徒が学校生活に行き詰まっていたり、他にやりたいことがあったりする場合、通学を強いることはとても酷なことですし、本人のためにもなりません。

　まずは、生徒や保護者が意思決定できるための情報を提供しましょう。欠時数が増えてきた段階で、「あと○日分の欠席、あと○時間分の欠時で進級が危うい」等、その先の見通しを説明します。教師の価値観は脇に置き、できるだけ客観的にあらゆる選択肢を一緒に探してあげましょう。

「この程度までやればOK」と自分で上限を決めている

 やりすぎ対応とその結果

BAD **生徒の活躍や作品をひたすら褒め、成長の機会を奪ってしまう。**

すごい！　さすが！

なぜ、そうしてしまうのか？

　児童・生徒理解の基本は受容であり、褒めて伸ばす、褒めることで育つ、と刷り込まれているからです。また、「生徒から嫌われたくない」と思っている人も多く、叱るよりも褒める方が、生徒との信頼関係を築きやすいと考えているからでしょう。

何でも褒めるのが正解か？

簡単なことで
褒められたら
生徒はどうなるか？

「なんとなく成功」で
終わらせないために
どうしたらさらに
成長できるか？

努力を認めるために
褒めることと
過剰に褒めることの
意味は同じ？

生徒の実感の2割引きで 褒めて、成長の機会を作る。

なぜ、塩対応がよいのか？

「褒める」塩対応の境界線は、感情的か論理的かどうかです。生徒は、教師に褒められたあと、気恥ずかしくも嬉しい気持ちになるでしょう。しかし、感情的に褒め、「さじ加減」を間違えると、生徒の成長を妨げてしまうことになりかねません。

生徒の活躍した場面を認めたり、理由を添えて褒めたりすることは重要なことです。スモール・ステップで成功体験を積ませることは、生徒の自己肯定感を醸成することにもつながります。しかし、最近の生徒は失敗することや周囲の人から嫌われること、責められることを極端に避ける傾向にあり、安全な策を取って手前で満足してしまうことも少なくありません。そこでやり切った感のある生徒に対して、さらに質問することで、自身を見つめ直す機会を作ることができます。

とは言え、「褒めること＝悪いこと」ではありません。日頃から褒められることに慣れていない生徒もいるので、教師から褒められることが力になることもあります。

塩対応の技術

　生徒が80点のつもりで出してきたものを、教師は100点で褒めてはいけません。その分の誤差が、生徒の勘違いを生むからです。褒めるなら、「教師は生徒の実感の2割引き」で、理由を添えて褒めましょう。単なる評価として褒めるのではなく、次の行動に移すために2割分を減らして、どこかに改善の余地はないか、もう少し工夫ができそうか、生徒に考えさせることでさらなる成長の機会を作ることができます。

　例えば、文化祭の装飾の創作をしているときに、生徒がある程度のところで作業をやめて完成したという場合、「まあいいね」と褒めると、生徒はそこで満足してしまいます。結果を追い求めて、追い込む必要はありませんが、「そこそこでいい」という発想は諦めや妥協を生みます。そのようなときは、「本当にそれでいいの？」「それで完成？」と聞くと、生徒が活動を振り返って、よりよい方法を考えるきっかけになるでしょう。

生徒から急に「先生に裏切られた」と言われた

 やりすぎ対応とその結果

 焦って関係を取り戻そうと取り繕い、生徒の本心が見えなくなる。

なぜ、そうしてしまうのか？

　生徒との信頼関係が成り立っていると思いながらも、なぜそんなことを言うのか気になってしまい、直接問い詰め、取り繕ってしまうのです。また、自分の対応が悪かったのではないかと思い込み、ますます焦ってしまうのです。

生徒との信頼関係はすぐに失われるようなものなのか？

生徒は本心で言っているの？

生徒は教師を試しているのではないか？

原因はどこにあるのか？
学校？家庭？
友人関係？

○ 塩対応の例

GOOD **その生徒と一定の距離を置き、焦らずに待つ。**

なぜ、塩対応がよいのか？

　教師はできる限り、生徒のことを理解したいと思っています。そのため、生徒の言い方や言葉の端々が気になって、過剰に反応してしまいがちです。

　しかし、生徒がどのようなつもりでその言葉を発しているのか、その発言だけで理解することはできません。学校以外の場所で変化があったり、友達関係がこじれていたりするかもしれません。漠然とした不安や大人への不信感などの不定愁訴に苦しんでいるかもしれません。また、教師との信頼関係をわざと試そうとしている可能性もあります。

　生徒の一挙一動に焦って反応するのではなく、教師は大きく揺らがない・動じない塩対応をすることで、生徒が安心したり、悩みを吐露しやすくなるのです。また、一歩引いた立場で、「いまはそっとしておくけど、見てるよ、頼っていいよ」という対応をすることで、発言の本意を聞き出せることもあり、生徒の本心に近づくことができます。

塩対応の技術

　どんな教師でも、生徒との信頼関係を築こうと日々努力していると思います。信頼されているかどうかは目に見えるものではありませんが、生徒との信頼関係ができていると、肌感覚でわかるものです。

　しかし、生徒は自分の都合の良いように「先生のことを信じていたのに裏切られた」などと言うことがあります。何も言わずに急に避けるようになることもあります。

　このようなときは、生徒に近づいて直接問い詰めたり、下手に勘ぐって関係を取り戻そうとしたりすることは逆効果です。「なぜそんなことを言うの？」などと直接問い詰めるのではなく、いっそのこと「離れる」つもりの距離感で接しましょう。一定期間、一歩引いたところから常に気にかけ、生徒の視界には入りつつも、タイミングをみて声をかけたりするのです。焦らずに待つ姿勢が大切です。

1

長い話の終わらせ方

忙しいときほど、その話って長い？ その話って重要？ その話って面白い？ と思うことはありませんか。生徒、保護者、同僚に分けて対応を変えると効果的です（同僚はコラム②「一度聞いた話の終わらせ方」へ）。

生徒の場合：「それで、言いたいことは〜ということ？」と要約して会話に踏み込みましょう。生徒は、何かを解決してほしいということではなく、「よくわからないモヤモヤした気持ちを受け止めてほしい」という場合が多くあります。生徒も何にモヤモヤしていたのか、何に不安だったのかに気付くきっかけになります。生徒が発言したキーワードをメモしておいて、それを途中で見せることも効果的です。

保護者の場合：保護者は話したい生き物、と心得ておきましょう。電話で話すときは「今日は5分しかお話できないのですが、よろしいでしょうか」とはじめに予告しておきましょう。大抵の場合、5分で終わることはありませんが、5分を過ぎた段階で電話を切る口実ができますし、保護者自身に「たくさん話しすぎてしまった」と自覚させることができます。

来校してもらって対面で話すときは、複数人で対応しましょう。この際も、時間を決めて対応をします。同僚に「○時までに戻ってこなかったら、ドアをノックしてください」や「放送で呼び出してください」などとお願いをしておくとよいでしょう。

「ちょうどいいところで話を打ち切られてしまった」と不満に思われるくらいなら、最初からリミットを決めて対応するほうが、誠意ある対応と言えます。

第 2 章

保護者編

保護者が「先生にだけ、相談したいことがある」と言ってきた

  やりすぎ対応とその結果

BAD 「何でも相談してください」と受けてしまい、その結果、必要以上に頼られてしまう。

なんでも相談してください！

なぜ、そうしてしまうのか？

　多くの教師は人から頼られるのが嬉しく、困っているなら助けたい、相談に乗りたい、何とか解決してあげたいと思っています。特に保護者との関係は、経験が浅い教師であればあるほど、出来る限り良好な関係を築きたくて、どんな話でも聞いてしまいがちです。

その相談内容は教員に解決できるようなことか？

あなたは
「生徒の担任」だが
「保護者の担任」に
なる必要がある？

保護者の相談に乗る
リスクと得は
どっちが大きい？

保護者に
寄りかかられすぎて
依存されても
大丈夫？

塩対応の例

保護者の話は、生徒に関係する部分のみ対応する。

なぜ、塩対応がよいのか？

教師は、保護者の相談内容を何でも解決できるとは限りません。相手は話をするだけで気持ちが軽くなる場合もありますが、聞いてもらったら、解決のアドバイスが欲しくなるものです。

保護者が納得するような適切なアドバイスをもち合わせていればよいのですが、教師が経験したことではないかもしれませんし、たとえ経験したことだとしても、置かれている状況が違うので、その方法を援用するのは安易です。わかったふりをしてアドバイスをすると、「先生があの時そう言ったから」などと、後々になってこじれないとも限りません。また、言い方を一歩間違えると、保護者が急に敵になる可能性があり、リスクはあるのに何の得にもなりません。

保護者にとっても、わからないことは「わからない」と言ってもらったほうが、別の機関に相談するなど、視野を広げて考えることができて、結果的には良い方向に向かう可能性があるのです。

塩対応の技術

　例えば、「うちの夫は夜遅くにならないと帰ってこない。私も家にいるとストレスがたまるからパートに出て働きたいと思っているけれど、小学生の下の子が不登校で……」などと保護者が相談してきたら、適切なアドバイスができますか。「大変ですね」と返事をするのが精一杯ではないでしょうか。

　カウンセリング・マインドで話を聞くことは大切で、共感したほうが保護者も楽になるかもしれませんが、この場合、担任が解決することはできませんし、そのような立場でもありません。保護者からの相談で、きちんと向き合うべきことは「担任する生徒に関係する部分」です。夫婦仲や親子関係、きょうだい仲なども気になるところですが、生徒の生活に影響を与えている部分についてのみ、一緒に解決方法を考えましょう。

　話を聞きながら適度に相槌を打ち、相手の感情が収まるまで待ちましょう。塩対応が教師を守ることにつながります。

その件に関してはこちらの機関に…

保護者が電話で泣きながら「先生、相談があります」と言ってきた

 やりすぎ対応とその結果

BAD 深刻な悩みだと思い親身に話を聞いた結果、精神的にも依存されてしまう。

なぜ、そうしてしまうのか？

　教師は、電話で泣かれるとどうしたらよいかわからなくなってしまい、話を聞かざるを得ない状況に陥ってしまいます。保護者の個人的な悩み事にも、親身になって話を聞くべきだと思い込んで相槌を打っているうちに、ずぶずぶと深入りしてしまうのです。

Let's think!

保護者は精神的に安定した状態なのか？

保護者が精神的に
不安定になっている
可能性があるのでは？

担任が一人で対応して
大丈夫なのか？

保護者の
精神的サポートも
教師の仕事？

塩対応の例

GOOD

電話で話を聞かず、
別の日の来校を提案する。

なぜ、塩対応がよいのか？

　泣きながら学校に電話をかけてくるという状態は、一般的に考えて正常でしょうか。人による差はあるでしょうが、相当つらい状況か、精神的に不安定な状態である可能性があります。その他にも、支離滅裂な会話やいきなり大きな声を出す、小声で聞き取れない、話がループして何を伝えたいのかわからないなど、安定した精神状態にないと思われる場合は、意識して距離を取りましょう。保護者の精神的なサポートをするのは教師の仕事ではありません。「学校経由で知り合った保護者は、学校経由でしか連絡をしない」と決めて、保護者にも宣言し、きちんと線引きすることです。

　その上で、保護者の状態が、生徒に影響を与えている可能性がある場合は、解決策を考える必要があるので、慎重に対応する必要があります。

　つまり、教師の仕事は、生徒に関係するところまで、と割り切って話をすることが、あなた自身を守ることにつながります。

塩対応の技術

　保護者がどのような状態で電話をしてきているのか、顔が見えない中、声だけをたよりに相手のことを想像するのは困難です。電話で長々と話をすることはやめて、別の日に来校をお願いしましょう。いずれにしても、保護者の悩みや感情を理解し、深入りする必要はありません。

　「個人的に相談をしたい」と言ってきた場合も、個人の携帯電話番号等を教えることはやめましょう。保護者はいつでも頼ってきて、見境なく休日に連絡をしてくることも考えられます。

　どうしても電話で話すときは、日中の職員室など大勢の人がいるところを選びましょう。可能であれば、スピーカー機能を利用して学年主任や同僚などにも内容を聞いてもらうと、1対1の関係になりすぎず、問題がこじれません。

保護者が「学校の対応がなっていない」と怒って電話してきた

 やりすぎ対応とその結果

BAD 教師側の正当性をくどくどと説明し、相手をさらにヒートアップさせてしまう。

なぜ、そうしてしまうのか？

　学校や教師の対応の正当性を理解してもらおうとするからです。また、丁寧に説明しようとすればするほど、回りくどい説明が増えてしまいます。教師がそれに気づかず一方的に話し続けてしまうと、相手は言いたいことが言えず、ますます不満を募らせてしまうのです。

Let's think!

相手の不満の根は何なのか？

電話の訴えは
あなたの対応への不満？
学校の方針への不満？
何への不満？

すぐに言い返さず
冷静に説明の方法を
考えてみては？

学校の対応が
統一されたものであれば
謝る必要はないのでは？

塩対応の例

GOOD 相槌を繰り返しながら話を
聞き、不満の根を探る。

なぜ、塩対応がよいのか？

　ヒートアップしている相手に、教師側の正当性を説明しても、なかなか理解してもらえません。保護者には保護者の主張があって、その根底には、おそらく不満が蓄積されています。一つのことに対しての不満であれば、説明すれば理解してもらえるかもしれませんが、蓄積された不満の場合は、説明したところで腑に落ちることはなく、怒りをエスカレートさせてしまう可能性があります。下手に言い返すと、言い争いになるだけです。ここは静かに、聞き役に徹します。

　こじれた糸を少しずつ解くように話を聞きましょう。無理やり引っ張ったり、雑にすると、その糸が切れて修復できなくなったり、より絡まってしまったりします。

　保護者が罵声を浴びせてくることもあるでしょうが、「いまは、そういう言い方しかできないから仕方ない」と頭と心をカラにして聞きましょう。電話口で怒鳴られると、耳や頭が痛くなりますから、こちらからかけ直すと言って一旦受話器を置くのも一つの方法です。

塩対応の技術

　例えば、「お兄ちゃんの学校ではやってくれたのに、この学校の対応はどうなっているんですか！」と言ってきたとします。そこで「こちらも忙しい中、精一杯やっています！」などと反論すると、保護者の言い分をスルーしていることになります。

　保護者が本当に不満に思っているのは、学校の対応ではなく教師の発言や言い方かもしれません。ひとまず「なるほど、そうですね、はい」などと相槌を繰り返して、保護者の主張を引き出し、不満の根が何かを明らかにしましょう。保護者が「聞いているんですか？」と聞き返してきたら、聞いていた証として保護者の主張をまとめて伝えましょう。

　その上で、学校の方針をきちんと説明します。保護者はその場では納得しなくても、時間がたてば納得する可能性があります。不満の根が深そうな場合は、あらためて別の日に来校してもらい、学年主任や管理職に同席してもらう機会を設けましょう。

不満の根は
なにか

保護者が「文書で回答せよ」「面談を録音させろ」と言ってきた

やりすぎ対応とその結果

BAD 文書での回答や録音を許可した結果、学校に過度な責任が生じてしまう。

録音したいのですが

は、はい…

REC.

なぜ、そうしてしまうのか？

　教師によっては、言葉で説明するよりも文書で回答したり、音声を残したりするほうが、わかりやすく伝えられると思うかもしれません。あるいは、保護者の語気やプレッシャーが強く、断れない雰囲気になってしまい、しぶしぶ許可……というケースもあるでしょう。

Let's think!

文書や録音データが悪用される可能性はないか？

文書や音声などの
「証拠」を作ることによって
過度な責任が生じないか？

録音や録画が
されていたとしても
問題のない言葉遣いや
声かけをしている
自信があるか？

そのデータが
保護者にいいように
切り取られてしまう
リスクはないか？

塩対応の例

GOOD 文書や録音ではなく、その場で、丁寧な言葉で説明する。

　保護者が「説明責任」という言葉を多用して、学校や教師に、文書での回答や音声の録音許可を求めてくることがあります。言った・言わないを防ぐために、学校や担任の回答を手に入れておきたいという保護者の気持ちは理解できます。しかし、保護者側が手に入れた文書やデータを悪用する可能性もある、ということを想定して対応する必要があります。

　たとえ、○○学校担任△△で文書を出したとしても、学校としての回答のように受け取られてしまい、学校が責任を負うことになりかねません。したがって、要求通りに自分一人で文書を作成したり、管理職のチェックを受けずに渡したりすることは、しないほうが賢明です。

　音声データは、都合の良いように切り取られて、編集したものを公開されることも考えられます。あなた自身を守るために、「このような要求は受容できない」と断り、その場で丁寧に説明しましょう。

塩対応の技術

　文書での回答を求められた場合は、自分だけでは決められないと伝えて丁寧に断ります。それでも要求された場合は、必ず管理職に相談し、発出する際は起案・回付・決裁の手続きを取りましょう。管理職に内容もチェックしてもらい、一人で抱え込まないようにしましょう。

　また、面談の様子を録音させてほしいという場合は、保護者や生徒に紙を渡して、メモをしてもらうのも有効です。教師側が証拠を残すことが怖いのではなく、保護者・生徒に発した「言葉」に指導の責任や重みがあるのであって、「文字」や「音声」ではないことを明確に伝えましょう。とはいえ、許可なく録音されてしまうという可能性もあります。万一、外に出ても問題のないような言葉遣いで自分自身を守りましょう。

　面倒だと思ったときほど、時間とパワーを使って丁寧に対応するように心がけると、結果的に面倒なことにならずに済みます。

保護者が「先生の言う通りにしたら、悪化した」と責めてきた

 やりすぎ対応とその結果

BAD 「そんなことは言っていない」と反論し、言い争いになる。

なぜ、そうしてしまうのか？

　教師は、相手が発言した言葉一つひとつに回答することが誠実な対応だと思っているためです。また、自分が言った意図と、保護者が理解している内容が異なると、正確に訂正したいあまり説明が長くなり、相手には言い訳のように聞こえてしまうのです。

Let's think!

あいまいな 記憶や感覚で 言った・言わないに なっていないか？

教師の「つもり」は
相手に正確に
伝わっていただろうか？

言った・言わない論に
陥っていないか？

記憶ではなく
記録を取りながら
話をしていたか？

塩対応の例

GOOD

あいまいな記憶に頼らず、きちんと記録を残しておく。

なぜ、塩対応がよいのか？

　教師が生徒を、保護者が子どもを大切に思う気持ちは同じだとしても、必ずしも同じ方向を向いているとは限りません。置かれている状況や時期などに影響を受け、異なる方向を向くことがあります。そのようなときに、感情的に対応すればなおさら方向は逸れていきます。いまの状況を冷静に俯瞰してもらい、同じ方向を向いて話し合うためには、教師側がまず客観的になり、冷静に対応する必要があります。

　教師自身も記憶があいまいな場合、責任を逃れるために長い説明（言い訳）をしがちです。このような場面で「言った」「聞いていない」にもつれ込むと、ややこしくなる一方です。教師の感情は一旦、別の場所に置いて、じっくり話を聞きましょう。保護者は、教師を攻撃しているのではなく、子どものことで悩んでいるのだ、ととらえることで、自分自身の心を守ることができます。

塩対応の技術

　教師が提案した方法がうまくいかなかったとき、保護者が「先生のせいだ」と責任をすり替えてくることがあります。例えば、不登校傾向の生徒について「本人がしんどいなら、学校を休んだほうがいい」と提案したことに対して、「先生が学校に来るなと言ったから休ませた」のように意味を変換してとらえられてしまう—というようなケースです。

　教師が丁寧に伝えたとしても、相手によっては正しく伝わらない可能性があります。証拠を残せばいいのでしょうが、前頁で述べた通り、録音は避けなければなりません。

　そこで、面談をするときには「日時」「場所」「それぞれの発言の内容（できるだけ具体的に）」、「保護者の声のトーン（顔文字や記号などでもよい）」などをノートなどに記録しておきましょう。また、教師が生徒のことについて言えることはあくまでも提案で、「最終的な選択権・決定権は生徒や保護者にある」と伝えておくことも大切です。

保護者が「夜、携帯電話に電話がほしい」と言ってきた

 やりすぎ対応とその結果

BAD 言われるがままに対応した結果、
要求がエスカレートして苦しくなる。

仕事が〜

え!?

なぜ、そうしてしまうのか？

　保護者からクレームを言われないように、要求に応じなければならないと思っているからです。関係悪化を恐れ、「自分が我慢すればなんとかなる」と思っているため、頑張りすぎてしまうのです。または、職員室で電話するよりも、携帯電話から電話をしたほうが気が楽だと感じている場合もあります。

\ Let's think! /

学校は
コンビニと同じ
24時間営業？

いつでも開店している
コンビニのように
学校も24時間対応する
必要があるのか？

個人の携帯電話から
電話をかけるのはOKか？

担任は
生徒のことなら
何でも対応する
必要があるのか？

塩対応の例

GOOD 勤務時間内に、職員室から電話するなどルールを伝えておく。

なぜ、塩対応がよいのか？

　教師は、多くの業務を同時進行で進めていかなければならず、どんな要求にも応えるには物理的に限界があります。担任をしてる生徒についても、例外ではありません。

　しかし、時に保護者は、「私の子どものことを優先してほしい」という要望を、教師に向けてくることがあります。教師にとっては「１：複数」であっても、保護者は「１：１」だと思っているため、勤務時間外に電話で話をしたいなどと言ってくるのです。その要求の全てに対応しようとすると要求はよりエスカレートしていき、教師の心や体が摩耗してしまいます。

　特に、夜間や休日に対応したり、個人の携帯電話番号等を教えたり、プライベートの境を越えてまで対応するのは、最もやりすぎな対応です。相手の要求に応えようと背伸びをするほど、さらに追い込まれてしまいます。教師自身が自分で全てを何とかしようと思う気持ちや責任感は尊いのですが、自分一人で抱え込まず、「複数（学校側）：１」の関係を築き、誰もが対応できるように学年主任や管理職も巻き込んでいきましょう。

塩対応の技術

　例えば「私は働いているから、21時以降に携帯電話に電話が
ほしい」と保護者に要求されたらどうでしょうか。この要求に
対応しないと、「親の状況を考えてくれていない」などと言わ
れてしまいまいそうです。

　しかし、この場合も、学校が対応可能な時間を伝えて、保護
者からその時間内で学校に電話をしてもらいましょう。どうし
ても都合がつけられない場合は、管理職のチェックを受けた上
で手紙を郵送したり、学校のメールアドレスから管理職をBCC
に入れてメールをしたりするなど、別の手段を考えましょう。

　また、教師が電話をかけるときは、原則として学校の電話か
らです。教師個人の携帯電話やSNSで私的なやりとりをするこ
とで、トラブルに発展しかねません。個人的な対応をせず、で
きる限り、証人になってくれる人がいる職員室から発信するこ
とがポイントです。

一度聞いた話の終わらせ方

　話す人は悪意がないのですが、この話は面白いから何度でも伝えたい！という思いから、繰り返し同僚の同じ話を聴かされることがあります（もちろん加齢による記憶違いあるかもしれませんが…）。

　「その話は前も聞いたな（オチまでわかっているよ）」という場合には、「それで〜というオチなんでしたよね」と先に言ってしまうと、その先を聞く時間を短縮できます。途中でそれを言うのが失礼な相手の場合は、とりあえず最後まで話を聞いてから、「その話、以前○○の場面で聞きましたが、その話とは違うんですか」ととぼけたふりをして聞いてみましょう。○○の場面で聞きましたという具体的な場面を示すことで、「そうだった」と思い出させることもできます。たまに「よく覚えているね、さすが」と嫌味を言われることもありますが、愛想笑いをして何度も同じ話を聞くよりも、会話に生産性があると思います。

　でもそれではさすがに最後が気まずい…という場合は、「そういえば別件なんですけど」と別の話題を振って話をそらし、結果的に楽しく会話を締めくくる方向へもちこみます。

　同僚だから、人間関係を重視して、穏便に済ませたいと思う気持ちはわかります。しかしそれでは、いつまでもお人よしのままです。ここは少し強めの口調で、突き放してみましょう。時間が経ってから、素知らぬ顔をしてフォローすればよいのです。

　何度も同じ話を聞くことが無駄というよりも、自分の時間を賃金に換算したら、この会話時間はいくらになるか？と考えると、自ずとすべきことが見えてくるのではないでしょうか。

第 **3** 章

同僚

編

同僚が、明らかに担当以外のことを質問してくる

 やりすぎ対応とその結果

BAD **丁寧に教えてあげたり、助けてあげたりした結果、人のための仕事ばかり増える。**

なぜ、そうしてしまうのか？

　教師は日常的に「教える」ことが仕事のため、誰かが困っていたら「教えてあげたい」「力になってあげたい」と思ってしまうのです。それだけでなく、職員室内の雰囲気として、質問されたら無視できない、という無言のプレッシャーがあります。

Let's think!

それは あなたが対応 すべきこと？

自分の仕事と
同僚の仕事
どちらの優先順位が高い？

「この人に聞けば
いつでも教えてくれる」と
いつまでもずっと
頼られてもいいの？

一緒にやることが
お互いのメリットに
なるのか？

塩対応の例

GOOD

人に聞く前に、自分で努力や工夫をしたかどうか尋ねる。

なぜ、塩対応がよいのか？

　心や時間にゆとりがあって、いつでも何でも力になってあげたいという人なら話は別ですが、教師は多くの仕事を抱えて忙しいのです。この同僚が困っている内容が、あなたの担当する業務に関することならば、もちろん相談に乗るべきですが、このケースは、明らかに担当外だった場合。いつでもあなたに質問し、頼ってきていては、この同僚は仕事を覚えません。それどころか、質問してくる回数が増えたり、いつでも話しかけられたりして、自分の仕事を中断せざるを得なくなってしまいます。自分を守るためにも、少し距離を取りましょう。自分で調べたり、自分で確認すればわかることを聞いてきたりする人は、悪気なくあなたの時間を奪っているのです。

　「いままでは答えてくれたのに、冷たいな」と思われたっていいのです。この時間や労力は、別のことに使いましょう。

　同時に相手も、自分で調べる方法を学ぶはずです。塩対応をすることで、互いにWin-Winの関係になれるはずです。

塩対応の技術

　例えば、同僚や先輩から「表計算ソフトの使い方を教えてほしい」と言われたとしましょう。職員室は街のパソコン教室ではありません。いまの時代、インターネットで検索すれば、数式の入力方法やレイアウトの整え方など、表計算ソフトでしたいことのほとんどの答えが出てきます。それを調べもせずに、なぜあなたに聞いてきたのでしょうか。それは「いつでも何でも教えてもらえる」と甘えているからです。

　ここはきっぱりと「ご自身で調べてみましたか？」と聞いてみましょう。調べたけどわからないのなら、あなたが途中までやってみせて、その先は自分でやってもらいましょう。不親切だと思われても気にしない。次から安易な質問をされずに済むと思うと、気が楽になりますし、この先ずっと頼られることを防げます。

　また、他に担当者がいる場合は、「○○先生が担当ですよ」と、教えるのもよいでしょう。

● 同僚／日常・職員室で

同僚が、苦労して作った教材を「ちょうだい」と言ってくる

✕ やりすぎ対応とその結果

BAD 親切に教材を提供（give）し、
自分だけが損している気になってしまう。

これいいね！　使わせて！

なぜ、そうしてしまうのか？

　教材を一から作ることは大変です。本当はあげたくなくても、同僚から嫌われたくないという気持ちからOKしてしまうのです。また、少しでもお互いが楽になるのなら協力し合ったほうがいいと考える教師もいます。

Let's think!

人に教材を提供することはWin-Winになる？

自分が時間をかけて
作ったものを
タダであげていいのか？

「何でもしてくれる
良い人」でいる
必要はある？

教材をあげることは
相手にとって
良いことか？

塩対応の例

GOOD 「良い人」でいようとせずに、相手にgiveする範囲を決める。

なぜ、塩対応がよいのか？

　授業のねらいや生徒の反応を想定して教材（学習プリントやスライド、学習指導案など）を作ることは、教師の本務でありながら、時間も労力もかかる仕事です。他の業務の合間に行ったり、忙しい時期は定時後に持ち帰って仕事をすることもあり、努力と工夫の賜物です。それを、安易にgiveしてしまうことは、あなたや相手のためになるでしょうか。

　あなたが作ったもの、費やした時間や労力は全てあなたの「財産」です。同僚がその教材を使った感想やさらに良くなるアイデアをくれるなど、Win-Winになる要素はありますか？または、give and takeの関係はありますか？ そうでない場合は、「なぜ自分だけが財産を提供しているのだろうか……」と、途方に暮れることになります。

　良い人になる必要はありません。「giveはここまで」というラインを引いて対応することで、あなたが作成した「財産」を守ることができ、同時に、相手は自分で教材研究をすることになるので、相手のためにもなります。

塩対応の技術

　例えば、若手の教師から「その教材、使わせてもらえませんでしょうか」と頼まれたらどうしますか？ 後輩を育成する目的で、一度はあげてもいいかもしれません。ただ、毎回それを許していると、本人に教材を作る力がつきません。「今回だけね」など、期間や範囲を伝えておきましょう。

　ではもし、あなたが作った教材を、先輩教師が絶賛して「それすごくいいね！ちょうだい」と言ってきたらどうしますか？ 断れない雰囲気ですね。どうしても断れない場合は、やはり「一度だけ」にしたり、加工できないpdfにしたりと、次回も頼まれない工夫をしましょう。

　なお、教材を作る際、フォントを統一したり、自作のカットを入れたり、copyrightを明記したりしておくと、生徒にも他の教師にも、作成者がわかるので安易な「ちょうだい」を防ぐことができます。また、あらかじめ、どこまでgiveするのか、どういう条件であればOKなのか等、範囲や条件を決めておくことも一案です。

「うちのクラスの生徒が大変なんです」と、同僚から相談された

 やりすぎ対応とその結果

BAD 生徒の話だからと、何でも話を聴く。
その結果、本来すべき仕事が滞る。

聞いてよー

うちのクラス
大変で…

なぜ、そうしてしまうのか？

　生徒の情報はどんな情報でも聞いておきたいと思うからです。小さなことでも学年で共有し、他クラスの生徒のこともよく知っておくべきだと思っています。また、同僚（特に先輩教師）が声をかけてきたときには、話を聞かなければ失礼だと思っている場合もあります。

Let's think!

生徒の大変な情報はいつ、誰と、どこで共有すべき？

「大変」というけれど
そもそもどのレベルなら
緊急？

本当に大事な話なら
職員室や立ち話で
よいのか？

隣のクラスの担任は
解決策を見出してほしいのか
単に誰かに
聞いてほしいのか？

GOOD いますぐに対応が必要な話なのかを見極める。

なぜ、塩対応がよいのか？

　「生徒が大変なんです！」を多用する教師の場合、「大変」がどのレベルかわからないことが多いものです。生徒の情報を知っておくことは大切ですが、緊急性の低い内容だと思ったら、その時は「聴き上手」を封印しましょう。あなたが作業をしているときに話しかけられたら、本来やるべき仕事が止まってしまいます。

　話しかけてきた教師は、誰かと話したいだけなのかもしれません。しかも、自分がとっておきの話をしている、と思っているケースもあり、話し始められたらそれを止めることは困難です。相手が先輩教師なら、なおさら打ち切りにくくなります。

　生徒指導や支援のためには、生徒の情報を収集することが大切です。しかし、「生徒が大変」のレベル（緊急度・重要度）がわからずに、何でも手を止めて話を聞くと、時間と労力を無駄にする可能性があります。いますぐに対応が必要な案件なのか、ただ話がしたいだけなのかを見極める必要があります。

塩対応の技術

　最初に緊急性のある話なのか、そうではない話かどうかのレベルを確認しましょう。

　同僚の表情や声色だけで判断がつかないときは、「緊急ですか？　場所を変えたほうがいいですか？」と聞きます。「そうですね」と言われれば、対応が必要でしょうから、学年主任や管理職にも同席してもらいましょう。「いや、大した話じゃないんだけど……」などと言われれば、緊急性は高くないので、さらっと聞いて共感し、「また何かあれば言ってください」と収めましょう。このレベル確認作業をすると、たいていの教師が、「忙しそうなのでまた後で聞いて」「もう大変な状況は収まったから、大丈夫」のように言ってきます。

　ただし、軽く聞いた話の中に重大な点が隠れている場合は、本人にその旨を伝え、学年主任や生徒指導主任、管理職などにも相談するように助言しましょう。

ここで聞いても
大丈夫ですか？

同僚が、時間のないときに雑談を続けてくる

やりすぎ対応とその結果

BAD 気を遣って、話を聞いてあげた結果、
徒労感だけが残る。

でさー　　笑うよね

なぜ、そうしてしまうのか？

　職員室で良好な人間関係を築くためには、多少、自分が無理をしてでも相手に合わせたほうがいいのではないか、と思ってしまいがちです。また、話しかけられたら聞いてあげたほうが印象がいい、雑談の中にも必要な情報があるかもしれない、という幻想を抱くからです。

Let's think!

その雑談、いまやっている仕事以上に重要？

この話題は業務に
必要な話なのか？
ただの雑談なのか？

話を聞かなかったら
相手はあなたを
嫌うだろうか？

いま、雑談できる
時間的な余裕は
あるか？

塩対応の例

_{GOOD} # いまは雑談する余裕がない、と率直に伝える。

なぜ、塩対応がよいのか？

　雑談は大切だ、とよく言われます。確かに、思わぬ情報を入手できたり、時には役に立つこともあったりします。聞いてくれると相手は良い印象をもつでしょう。しかし、人間関係を保とうと、無理に相手に合わせていると疲れてしまいます。あなたの気づかないうちにストレスとなって溜まってしまい、仕事の生産性を下げてしまいかねません。

　同僚が意見を求めてきたときや、緊急で話を聞かなければならないとき（例えば、「先ほどの授業で生徒の様子に異変を感じた」等）は、手を止めて話を聞く必要がありますが、そうでないときは、自分の仕事の進捗と照らし合わせて、聞くか否かを判断する必要があります。予期せず相手のペースに巻き込まれるようなアクシデントは、避けることが賢明です。

　そもそも、「いまはそんな話をしている余裕などないのに……」と、内心思いながら話を聞き続けることは、相手にとっても失礼なのではないでしょうか。

塩対応の技術

　独りごとを言う同僚、ダジャレを言う同僚、ネットニュースを読み上げる同僚、そういえば面白い話があって…と相手を気にせず話し始める同僚。皆さんの周りにもいるのではないでしょうか。一人で完結してくれればよいのですが、話に巻き込まれると、仕事の手が止まってしまいます。時間と心にゆとりのあるときなら、話を聞いてもいいのですが、自分が集中しているときに近くで話されたら迷惑なものです。

　とはいえ、先輩教師だから無視もできないときは、「いまはちょっと急ぎの仕事があるので、5分後でいいですか？」と正直に伝えましょう。それでもしつこい場合は、「3分間でいいですか？」と短い時間で区切りましょう。最終的には、「生徒対応があるので」と言って席を外す手もあります。

　もちろん、あなたが話したいときは、話に乗ってもいいと思います。序章の27ページにも書きましたが、折を見て「心を開いて自分のことを話す」ことで信頼関係が築けます。

言われて不快な嫌味を言ってくる同僚がいる

 やりすぎ対応とその結果

BAD 笑顔で返しているうちに、発言内容がエスカレートする。

いいねぇ キミは…

なぜ、そうしてしまうのか？

　明らかに嫌味だとわかっていても、先輩教師に対しては、我慢しなければならないと思っているからです。言い返して嫌われたくない、できれば人間関係でトラブルになりたくない、関わりたくない、と思っているときほど、愛想笑いを浮かべてしまうのです。

Let's think!

嫌味を真に受け続けて誰かにプラスになることはある？

相手はあなたのためを思って言っているのか？

嫌味に同調して笑うと疲れない？

その嫌味に深い意味はある？

塩対応の例

GOOD

無意味な嫌味はスルーし、ひどい場合は記録に残しておく。

なぜ、塩対応がよいのか？

　明らかに嫌味だとわかっていながら、その言葉に反応してイライラしたり、落ち込んだり、悲しくなったりするのは、時間の無駄遣いです。あなたの行動や言動に心当たりがあるのなら、自分自身を振り返って改善する必要がありますが、単なる嫌味なら、気にする必要はありません。真面目な人ほど真に受けてしまいがちですが、相手はあなたのことをあまり考えずに放った一言でしょうし、言ったことすら覚えていないかもしれません。「そういうことを言う残念な人なのだ」と自分の中でラベルを張り、頭の中から嫌味を追い出しましょう。

　同僚はあなたの反応を楽しんでいるというよりは、言うことでストレスを発散している可能性もあります。あなたは同僚のストレス発散の道具ではありません。自分を守るためにも、聞かなかったことにしてすぐに忘れ、相手にしないことです。

塩対応の技術

　例えば、先輩教師から「いつも帰るのが早いね、優秀な人は仕事が速くていいよね」と言われたら、どう答えるでしょうか。おそらく「アハハ、そんなことないです」と笑顔で返して、心の中で嫌味だなと思うのではないでしょうか。このように、一言多い教師は場所を問わず出現します。

　嫌味に丁寧に対応していては、疲れるだけです。「また嫌味病が始まった」「嫌味言語は理解できない」と心のシャッターを閉ざしてスルーしましょう。もし、「ただの嫌味ではなくて注意されているのかも」と思うときは、客観的にアドバイスをくれる同僚に相談してみましょう。意外と同じ思いをしている人がいるかもしれません。

　「記憶に残す」と気になってしまいますから、あまりにひどい場合は「記録に残す」ようにして、「いつ、どこで、誰から、何という言葉を言われたのか」をメモしておき、管理職にハラスメントとして申し出てもいいでしょう。一人で我慢することはないのです。

昔の話をもちだして長々と語り始める先輩教師がいる

 やりすぎ対応とその結果

BAD 興味もないのに質問をしたりして、無駄に長い話を聴かされることになる。

なぜ、そうしてしまうのか？

　教師の仕事を理解するためには、過去の資料を見たり、先輩教師の話を聞いたりすることが近道です。しかし、データが残されていないことが多く、先輩の体験談を聞いておけば安心なのでは、と思ってしまうのです。

Let's think!

その昔話 いまのあなたに 本当に有益?

この話…本当に
仕事の役に立つ?

この話…終わるまで
何分かかるの?

この話…遠まわしに
嫌味を言われて
いるのでは?

塩対応の例

有益そうな昔話のみ、現代に合わせた内容に変換しながら聞く。

なぜ、塩対応がよいのか？

　仕事に余裕があり、有益そうな予感がする場合はそのまま聞けばよいですが、先輩の昔話を聞くような余裕がない場合、無駄に長い話を聴かされることになります。

　名付けて「昔話症候群」の教師には、以下の３つのパターンがあります。

① 自分の経験が若手教師に役立つだろうと思い、お願いしていないのに話す

② 自分の若い頃の栄光が忘れられず、現在の勤務環境や待遇を愚痴る

③ 自分の経験と照らし合わせて、若手教師はもっと働くべきだと思っている

あなたに話しかけてきた先輩教師はどのパターンでしょうか。

塩対応の技術

　①の場合は、親切心からきていることが多いので、とりあえず話を聞いてみます。昔話がいまのあなたに役に立ちそうな予感がしたら、「いまの生徒に例えると、どう対応すればいいのでしょうか？」「いまのクラスでは、どうしたら実現できるでしょうか？」などと助言を促すと、世話好きの先輩は、一緒に考えてくれるかもしれません。また、先輩が話した内容を「要するに、〜ということですか？」と話のあとに要約することで、あなたにとって有益な時間だったととらえ直すことができます。

　②の場合は、愚痴で締めくくられることが多いので、「へー、そういう時代もあったんですね」とばっさり切りましょう。

　③は、参考になりそうな場合は聞いてもいいのですが、「嫌味」が入る場合は別です（1つ前の事例を参照）。

　いずれにしても、気を利かせて質問をしたり、相槌を打ったりしていると、相手が気持ちよくなってますます長引きます。静かにフェードアウトするのが塩対応です。

言った言わない論争を予防する

　「言いました」「聞いていません」「絶対に言いました」「言った記憶がありません」などと、不毛な水掛け論が学校内で起こっていませんか。お互いに無駄なエネルギーを使わないためには、記憶に頼らず、「記録」で対応することが必要です。

記録する方法：5W1H（いつ・どこで・誰が・何を・なぜ・どのように）で記録をすることは、どの職業でも大切なことですが、教師はこれに追加して「2H」が必要です。How long（どれくらいの間）、How much impact（どれくらいの影響）です。事象がどれくらいの長さで、その影響は何かを考えて、できるだけ具体的に記録に残すことです。

保護者の場合：5W1H＋2Hでメモを取ります。保護者が言った印象的な言葉を残しておきましょう。
　例えば「実は考査前に、子どもが行き先を告げずに家出をした、前にも奇声を上げ暴れて。でもすぐに帰ってきたからいまは大丈夫です」という話をしてきた場合、一見すると解決済みですが、メモを取るときは「考査前・家出←前も奇声・暴れあり。☆親発言ホント？」のように記入します。事実として聴いたことと、教師側で想像したこと（☆部分）を分けることで、あとで同じことが起きたとき、保護者に確認できるだけでなく、生徒の観察にも役立ちます。教師が想像や思いで書くことと分けることで、事実を誤認することもなく、記憶違いによる勝手なストーリーが出来上がることを避けられます。

第 **4** 章

仕事全般

編

何のためかわからない調査回答の依頼がやってきた

 やりすぎ対応とその結果

BAD 正確に答えるために調べていると、膨大な作業量になってしまう。

ひとりで
完璧にやらなきゃ!!

調査回答
依頼

なぜ、そうしてしまうのか？

　自分で対応するのは大変だが、だからと言って他の教師も忙しそうにしているので依頼するのも申し訳ない、と思っているからです。また、他人に依頼して間違った数字が出てくることもあり、修正する手間がかかるくらいなら自分がやった方が早くて正確だとも思っています。

その調査、 ゼロから一人で やる必要はある?

教師に
求められている調査は
そもそも一人で
やるものなの?

多少の数字の
間違いは致命傷?

昨年度のものを
参考に作成することは
できないか?

塩対応の例

GOOD 100%完璧に答える必要は
ない、と割り切って回答する。

なぜ、塩対応がよいのか？

　いじめの認知件数、長期欠席者数、○○教室の実施回数、○○教育の実施内容……など、毎年、似たような調査がたくさん現場に降ってきます。管理職が回答して済む場合もありますが、各学年や各担任が調査して報告をしてください、という依頼も多くあります。

　こういった調査の締切と作業内容を見たときに、「楽しそうな仕事！」とワクワクする人は少ないでしょう。意味のある調査だとは思っていても、その作業をする時間を本来の仕事に当てたいというのが本音だと思います。

　このような調査回答の依頼に一人で100%で対応しようとすると、無駄にストレスが溜まり、本来すべき業務が滞る可能性があります。それは本末転倒です。調査を依頼してくる人は、その調査結果をまとめるのが仕事なので、別にあなたを苦しめるために依頼しているわけではありません。ここは割り切って、塩対応で片付けましょう。

塩対応の技術

　まず、調査回答の依頼がきたら、「またこの季節がやってき
た」、と思いましょう。昨年度のデータを保管していれば、数
字と多少の内容を変えるだけです。長期欠席者の日数や理由も、
全部を振り返るのではなく、毎日記録している出席簿を活用し
ましょう。

　正しい調査結果を出すために、嘘や誤りはよくないですが、
担当者レベルでどこまでを答えればいいのか、ラインを引きま
しょう。あなたはその調査に淡々と答えればいいのです。この
ような調査は、入力内容をチェックする人がいます。もしあな
たの回答にミスが見つかったら、その時に修正すればいいので
す。

　また、どうしても忙しくて対応できないときは、他に対応で
きそうな人に依頼しましょう。信頼関係が築けていれば、お互
いに困ったときに助け合えます。

会議に出す資料作りに
時間がかかってしまう

やりすぎ対応とその結果

BAD 熱意が伝わるように膨大な量の資料を
作成する。その割に伝わらない。

なぜ、そうしてしまうのか？

　全てを資料に盛り込む→全てを伝えられる→理解してもらえ
る→実施してもらえる、と思っているからです。自分が必要だ
と思うことや、伝えたいことが多すぎるあまり、膨大な資料の
量になってしまうのです。まれに「仕事しているアピール」の
ためにする人もいます。

Let's think!

会議に出す資料は多ければ多いほどよい？

会議に資料を
出すことが目的に
なっていない？

会議に
求められているのは
「完成した資料」？

その資料
本当に全部読んで
もらえるの？

塩対応の例

GOOD # 適量を意識し、変更の余地を残して作成する。

なぜ、塩対応がよいのか？

　資料を作った側がいくら素晴らしい資料だと思っても、受け取る側がそう思わなければ、時間をかけて作ったところで、努力は報われません。

　その資料を読んだ人が、全てを理解し、実施できるように保管して、今後も活用してくれるか、というと、その答えは残念ながらNOなのです。行事の実施要項でさえ、その開催日が近くなったら周りの人に「あれどこにあったっけ？ コピーさせてくれない？」という会話が繰り広げられるのが職員室です。データで共有されていたとしても、「そのメールはすでに削除してしまった」などと言う人さえいます。このような扱いをされる資料を、時間をかけて何枚も作る必要はなく、最小限・最低限で十分なのです。

　また、完成された資料を作るよりも、会議を経て柔軟に変更する余地のある資料にしておいたほうが、さらっと見て捨てられることを防げます。最初から完璧に仕上げることを目標にするのではなく、最終的に有益な資料になればいいのです。

塩対応の技術

　自分の作った資料を会議にかけるのは、批判されるかもしれない不安から緊張するものです。その不安を和らげるためには、誤字・脱字に注意するだけでなく、「あくまでも案です」として、意見を募集するための資料だと思いましょう。

　時々、超大作のような資料を作っているのに、誰も読んでくれず、会議後にリサイクルボックスに捨てられている資料を見かけます。資料を作るときには、大量ではなく「適量」を意識することです。目安は1分以内に内容がわかる資料とし、A4判で両面1枚、最大でもA3判で両面1枚（A4で4ページ分）に収めましょう。長々と思いを書いてもあまり読まれないので、文章は簡潔にします。

　また、出典を明らかにして「〇〇参照のこと」と入れて引用すれば、詳しく記載する必要がなくなり、作成時間を短縮できます。印刷は印刷室が混雑する時間をさけて（朝がおすすめ）、効率的に進めましょう。

これは
あくまでも"案"

配付資料を読むだけの会議に出なければならない

やりがちなNG対応

内職をしたり、欠席したりした結果、会議後に新たな対処が増える。

つまらん

なぜ、そうしてしまうのか？

　会議の内容は資料を見ればわかる、説明を聞かなくても昨年と同様なので聞いても意味がない、と思っているからです。または、会議の必要性を感じられず、出ても出なくてもいい会議だと思うため、内職や欠席をする人もいます。

Let's think!

その会議
本当に無意味？

無駄な会議は
「無意味」
なのだろうか？

会議中にできる
有意義なことはないの？

欠席したあとに
人に聞くのは
本当に効率的？

会議の時間は、スケジュールの確認と調整の時間に充てる。

なぜ、塩対応がよいのか？

あなたが発言する機会のある会議や、あなたが方針を決める会議ならば塩対応は適切ではなく、むしろ会議の中心で主導していくことが求められます。

しかし、「一出席者」として出席する会議の場合、熱心に聞くことには限界があります。決定されたことを周知するだけのことも多く、あなた自身が思うところはあっても意見を出すことができず、感想や反対意見をもっても、かえってモヤモヤしてしまいます。だからといって、無関心になって内職をしたり、理由をつけて欠席をしたりするのは、会議に出席したとは言えず、会議後に内容を人に聞くのは非効率的です。

必要なのは、適度に割り切って出席することです。この会議に出席している表向きの私と、もう一人の私を存在させて、もう一人の私には、別のことをさせるのです。それは内職ではなく、議題に関連するスケジュールの確認や昨年度との比較です。これをすることにより、前向きな時間を過ごすことができるのです。

塩対応の技術

　会議中に配布・配信された資料を見ながら、ただ書かれていることを読んでいるだけでは無駄な時間です。そこで、「この会議の中で自分に関わることは何か」を探します。

　例えば、会議で提示された行事予定を同時にスケジュール帳に書き込んだり、他の予定との重複がないかを確認したりします。他の予定と重なる場合は、調整を考える時間にします。

　また、昨年度に使っていたスケジュール帳を持ち込んで、今年と昨年とで何か異なるのか、変更点探しをします。変更点がない場合は、この資料はプラス α の情報がないので、不要です。間違い探しをするつもりで書類を見ると、楽しいものです。

　もし、資料が新たな企画だったり、スケジュールが大幅に変わっていたりするなど、この先、持ち歩く必要がある場合は、手帳やスケジュール帳に挟んでおきます。そうすることで、会議後に書類を探したり、スケジュール確認をしたりする労力を削減できます。

提出物や小テストの結果の入力に時間をとられる

 やりすぎ対応とその結果

BAD 惜しかったな〜、などと感情も入れる。その結果、時間がかかりすぎてしまう。

なぜ、そうしてしまうのか？

　生徒一人ひとりの出来・不出来を確認したくなり、つい作業中に評価作業が入ってしまうのです。また、単純作業をこなすことに意味を見い出せず、ついダラダラと作業をしてしまいがちです。

\ **Let's think!** /

数字を入力するのに一喜一憂する必要はある？

数字を入力する
作業自体に
感情やリアクションは
必要？

事務処理などの
単純作業に使う時間は
もっとも削れる部分では？

感情を込めて
入力するよりも
入力ミスを防ぐことが
大切では？

GOOD 感情を入れる必要のない作業はマシーン化して行う。

なぜ、塩対応がよいのか？

　生徒と接する時間を取りたいのに、事務処理に追われてなかなか時間を確保できないという悩みがおありの方も多いのではないでしょうか。

　生徒から回収した提出物や小テストの点数をパソコンに入力するときに、「この生徒はよくできた」、「こちらの生徒は惜しかった」、などと感情を入れて作業をしたり、テストの採点中、答案用紙全体を見て、基準が揺らいで部分点を増やしたり減らしたりしていませんか。全てがマークシート形式やwebアンケートならばそのようなことはないのでしょうが、まだまだ紙ベースでテストやアンケートなどを処理することが多いため、つい気持ちが入ってしまいがちです。

　しかし、点数入力や採点などの業務に、いちいち感情を入れていると、作業の時間が延びてしまいます。また、自分の感情の影響でミスをしかねません。できる限りそのような時間を減らして、他のことに時間を使いたいものです。

塩対応の技術

　ここでおすすめするのは、氏名の欄を隠して入力する方法です。「作業は作業」と割り切り、自ら進んで「マシーン化」するのです。さらに数字を入力したあと、機械的にチェックすることで、ミスを防ぐことができます。

　どうしても単純作業が苦痛だという場合は、感情は入れないものの、「この一つひとつが生徒に繋がっていく意味のあるもの」と考えると、少しは前向きになれるかもしれません。

　通知表の所見などは、全生徒のデータを一つのシートに入力します。一人分だけを考えているときよりも、一覧になっているものを比較するほうが、より適切な言葉が浮かんだり、他の生徒と協働していた場面を思い出したりすることができます。

　このような塩対応で生み出した時間を使って、ワークシートや感想文などの生徒の文章に、丁寧にコメントを返してあげると良いでしょう。文章から成長を見取れることは多々あります。こちらは存分に感情を入れてコメントしましょう。

必要性を感じない研修に 出席しなければならない

 やりすぎ対応とその結果

BAD やる気が出ないので、嫌々ながら 参加し、ただ疲れるだけ。

他にやること あるのになあ

なぜ、そうしてしまうのか？

　研修自体に必要性を感じないわけではないが、本来の業務で忙しい時期に、日時が決まった研修が入ってくるからです。特に、報告書を求められる研修が入ってきたりすると、予期せぬ業務発生となり、仕事のペースを乱されます。

\ Let's think! /

嫌な気持ちで参加して何かメリットはある？

希望しない研修は本当に意味がない？

どうせ時間や労力をかけるなら回収しないと損では？

どうしたら意味がある研修になるか？

塩対応の例

GOOD

研修＝投資。投資を回収するつもりで受ける。

なぜ、塩対応がよいのか？

　毎年、教育委員会から「出席しなければならない」悉皆研修が提示されます。個人情報に関する研修、安全指導に関する研修、体罰に関する研修など、法定されている研修を含めて数多くのものが用意されています。

　しかし、ただでさえ忙しいのに、「受けたい」「学びたい」という気持ちがないと、モチベーションが上がらないものです。「この研修は本当に意味があるのか？」と思いながら嫌々こなしている方も多いのではないでしょうか。研修がつまらない、意味がない、というネガティブな感情で受講し、疲れだけが残る……という結果に陥りがちです。

　実は、このようなネガティブな感情自体が、最大の時間の無駄遣いなのです。どうせ受けなければならないのなら、「自分から取りに行く」姿勢で受けたほうが、意味を見い出すことができます。研修は、投資です。参加した分だけ、あとで回収できると考えると、ポジティブになれるのではないでしょうか。

塩対応の技術

「とりあえず行かなければいけないから行く」、というネガティブな気持ちで参加すると、運営の不備や既知の内容の反復など、いろいろなことにモヤモヤします。これは、単なる労力の無駄遣いです。この研修のために調整した授業のことや、かかったコストを考えて、何かしらの恩恵を見つけましょう。

例えば、研修の中で受講者同士で意見交換し、教師としての意識を高めることは、理想的です。他校の教師と自分を比較して、自分自身の考えや働き方を見つめ直し、アップデートできる良い機会だととらえると、少しでも前向きに取り組めるのではないでしょうか。

研修の内容についても「いずれ役に立つかもしれない」程度にとらえていると、いまここにいる意味を見い出せません。「この研修で伝えられた知識を、いまの学校や生徒に当てはめると、どのように活かせるのか?」と考えながら臨むことで、有意義な時間を過ごすことができます。

教師の仕事量が多すぎる…

やりすぎ対応とその結果

全ての仕事を全力でやってしまい、一人で仕事を抱え込みすぎてしまう。

なぜ、そうしてしまうのか？

「任された仕事は最後までやり遂げたい」という強い責任感があるからです。また、「若いうちは仕事を全力でするもの」と言われることも多く、がむしゃらに取り組むあまり、心と体に負担がかかってしまうのです。

全ての仕事を全力でできるのはいつまで？

本当に
「あなたにしか
できない仕事」
はどれ？

他の人も
同じくらい
抱えている？

その仕事のやり方に
無理はない？

塩対応の例

GOOD

仕事を細かく切り分けて、分担できるようにする。

なぜ、塩対応がよいのか？

　教師にはありとあらゆる業務が存在します。やらなければならないことが多すぎて、何からすればいいのかわからなくなっていませんか。そのようなときは、本当に自分にしかできない仕事を優先順位1位にします。そして、それ以外は、自分の心と体を守るためにも、他の教師と分担しましょう。

　「他の人がやるよりも自分でやったほうが早い」、「人に任せるのは心配だ」、「自分の仕事を他の人に頼むのは、甘えなのではないか」と思うかもしれません。しかし、物理的に仕事をできる時間は限られています。24時間365日、仕事をすることは不可能です。たとえあなたがいなくても回るような体制を築いておくことが、実際は学校のため、生徒のためなのです。後輩教師に仕事を任せることで、人材育成にも繋がります。そして何より、負担が減ることはあなたのためになります。

　基本は、「いつでも誰でも担当できるようにしておくこと」です。あなたが過労で倒れたら、何が残りますか。

塩対応の技術

　例えば、考査問題を作成する場合は、「①作成する」「②印刷する」「③封入する」「④当日の対応をする」「⑤採点をする」「⑥成績をつける」などに分けることができますね。この中で、自分にしかできないことは何でしょうか。おそらく、自分でなければならない仕事はありません。①〜⑥まで全て一人でやろうとすると、とてつもない時間と労力がかかります。「Aはやるので、Bをお願いしてもいいでしょうか」のように、分担を申し出るとよいでしょう。

　このとき、どんな仕事も完璧を求めずに、「分担した内容はお任せします」という力の抜き方がポイントです。「自分の手を離れた仕事」として気にしない勇気をもつのです。

　なお、日頃から分担できる体制や人間関係を築いておくことはとても大事です。序章27ページの「信頼関係を築くための10カ条」を参考にしてください。

言った言わない論争を終わらせる

生徒の場合：面談などで生徒に確認すると「そうだっけ？」などと忘れている、もしくは忘れたふりをすることがあります。生徒は自分に都合の悪いことを忘れることが前提。発言したことを単語でメモしておくだけでなく、面談の最後に「今日わかったことを、自分の言葉で説明してみて」と話をさせます。それをメモしておくと記録に残すことができ、その後の生徒指導にも役立ちます。

同僚の場合：この論争の一番厄介な相手でしょう。同僚という仲間意識があるからこそ、相手に期待し、「言ったからやってくれたはずだ」、となるのです。5W1H＋2Hで徹底的にメモを取る（106ページのコラム参照）だけでなく、1H（どれくらいの影響）を考慮して、第三者の見えるところで話し合いをしましょう。こうすることで「Aさんが同席のときに言ったように…」、と場面を想起させ、事実を確認することができます。それでもしつこく「言っていない・聞いていない」と主張するなら、○月○日○時○分、△という場面で、こう言いましたよ、と強い口調で言いましょう。それ以上は言ってこないはずです。

　私は元々メモ魔で、人が言ったことを残しておきたい性分です。教師になってからは、1冊に集約して振り返ったり、「あの時にこう言いましたよ」と記録をもとに話したりできるように、手帳を活用しています。いろいろなものを試しましたが、授業の進捗管理とメモ、一年間を通したスケジュール管理ができ、学校現場に合わせてカスタマイズできる「スクールプランニングノート」は、使い勝手が良くてオススメです。

もし、相手から「冷たい」と言われたら どうすればいいでしょうか。

回答

　「あぁ、そう感じましたか」が第一声ですね。

　コミュニケーションは、受け取る側がどう感じるかが重要だと言われますが、「冷たい」と感じたのは、あなたがそう感じただけですよ、というスタンスでいいのです。相手が「冷たい」と感じるのは、「もっと関わってほしい」「優しくしてほしい」と思っているサインでもあります。教師がそこで慌てて取り繕わずに、そのサインを受け取りつつ、勇気をもって一貫した態度で対応しましょう。

　相手が理解できるようなら、なぜこのような対応をしているのか、説明してあげてもいいでしょう。①相手のためであること、②先を見据えて発言や対応をしていること、③後々、相手に効いてくること、です。

　教師は、相手に好かれようと対応を甘くしたり優しくしたりするのではなく、相手を成長させたり変化させたりするために存在するのだ、ということを自分自身に言い聞かせるのです。

2

塩対応に、年齢や経験年数は関係ないのでしょうか。年数を重ねるほど関わる人も増えていき人間関係に困っています。

回答

　年齢や経験年数を重ねれば重ねるほど、塩対応が必要です。

　経験年数を重ねた教師は、他の教師を育成する視点をもちたいところです。生徒や保護者に向かう姿勢として、熱血教師の背中よりも、冷静な判断と対応のできる姿を見せたいですね。

　対教師の人間関係に困る方も多いことでしょう。それぞれの教師が考えていること、ライフ・ワーク・バランスの優先順位などは、個人や世代などで異なります。それを「良かれ」と思ってアドバイスすると、「押しつけ」になってしまいます。

　あなたよりも経験や年齢が上の人と関わるときも、感情ではなく、対応すべきことを淡々と行うほうが理解してもらえます。

　教師は仲良しグループではなく仕事上の人間関係なので、適度な距離感を維持しながら、業務を効率的に行い、もっとお互いを大切にする関わり方へ替えてみてはどうでしょうか。

3

これまでの経験で一番塩対応だった状況はどのような場面でしたか。

⋯⋯

回答

　「なぜだめなのか、納得できる説明してくれ」と、食って掛かってきた生徒がいました。高校生が数名で私を囲み、感情的になって泣きながら顔を赤くし、今にも手が出るのではないかと思うくらいの場面でした。ちなみに、同僚でも同様の場面はありました。相手に落ち着いて、と言っても落ち着くはずもないので、徹底的に塩対応をせよ、と自分に言い聞かせ、以下の対応をしました。

①一人では聞けないから、他の教師（管理職を含む）を呼ぶ。

②立ったままではなく、座って話を聞く。

③事実を整理して、根拠となる文書・資料、きまりを示す。

④意識的に・意図的に、丁寧な言葉遣いをする。

⑤長引きそうなときは一次的に中断して、別の話し合いの機会・場所を設定する。

　「感情vs感情」ではなく、「感情vs冷静さと情熱」で対応することで、その場の勢いで抑え込む必要がなくなると実感しました。

4

何でも頼ってくる方に対して
人間関係を崩さずにうまく対応するには
どうしたらいいでしょうか。

回答

　人から頼られ、自分自身の存在価値を実感できることは、仕事を前向きに取り組ませるエネルギーになりますね。それがうまくいっているときはよいですが、あなたへの負荷は減りません。

　人間関係を崩さずに対応するためには、「段階的に」関わりを減らし、うまくフェードアウトすることです。同僚編（81〜105ページ）を参照しつつ、「ちょっと聞いてもいいですか」に対して、段階的な発言例を考えてみましょう。

塩段階1：ちょっと、って3分ならいいですよ。

塩段階2：何でしょう、いまは手が離せなくて、急ぎですか？

塩段階3：この前もそういう質問してくださいましたよね、それと何か違いますか？

　きっぱり伝える勇気がなければ段階的に言いましょう。相手が、もうあの人には頼らない！と憤慨したとしても、困ったら必ずまた聞きにきます。その時に、少し優しくするなど、緩急をつければ人間関係はそう簡単には崩れません。

5

仕事の締切（提出物や資料作成）を
守らない同僚への対応は
どのようにしたらよいでしょうか。

回答

　生徒には締切を厳しく指導するのに、それを守れない教師はたくさんいますよね。教師は締切に遅れたから「成績が下がる」ということがありません。どうしたらよいでしょうか。

　私が実践している予防策は３つです。

①締切を守らないと予測し、最終締切よりも早い日程を設定する。

②締切日時や方法のリマインドをしつこくする（メール、web上の周知、教師用の掲示板、机上に紙を置く、など）。

③締切を過ぎたときのリスクを説明する。

　例：〔最終締切11月18日（①）〕、11月７日15時までにメールで提出してください（②）。期限後は、資料の確認と提出作業のため、受け取れません。ご了承ください（③）。

　〔　〕は、実際には伝えません。自分一人でする仕事以外は、遅れてくるものと見込んでおいたほうが、予定通りに物事が進まなかったときのストレスを軽減することができます。

6

人に聞かなければ仕事ができない場合は
結局、誰かが教えなければならないのでは。

回答

　学校として、全教師のスキルを上げ、業務の効率化を図り、人材育成をするためにも、初めての業務や作業をする人には、経験してきた誰かが丁寧に教える必要があるでしょう。

　しかし、あなたがそれを1から10まで教える必要はないのです。あなたは同僚のお世話係でも指導係でもありません。「共に働く仲間」として、その同僚には業務能力を上げて、自立してもらわなければなりません。とはいえ、一度教えたことは二度と聞かないでとも言えず、周りの同僚の負担ばかりが増えてしまいます。

　同僚自身が調べたり、考えたりする機会を作るつもりで、失敗してもいいからやってもらおう、と自分から少しずつ切り離していきましょう。そして、少し時間と距離を置いてから「先ほどの件は進みましたか？」とさりげなく聞き、無理そうならまた教える、を繰り返します。この繰り返しによって、相手もフォローしてもらえていると思ってくれます。

　一度に1から10ではなく、1つずつ小出しに教えてその分だけをフォローすることで、お互いの負担感を減らすことができます。

7

管理職への塩対応について
何かポイントがあれば教えてください。

回答

　管理職への対応には、まず下記の前提を押さえます。

・管理職と教師は、業務内容・立場・責任などが異なる。

・学校としての最終的な判断・決定をし、責任を取るのが管理職である。

　この前提をもとに、教師が管理職と関わるときのポイントは3つあります。

①適時・適切な情報提供をすること。

②教師の感情や感想を持ち込まず、事実を正しく伝えること。

③自分の状況を客観的に見て、リスクを予想すること。

　管理職に事実を隠して良い部分だけを報告したり、好印象を与えようと言葉を濁して伝えたりする人がいます。これでは正しい情報が伝わらず、管理職は判断ができなくなり、状況が悪化します。必要なことは、自分の置かれている状況を正しく捉えて、必要なヘルプをしてもらうことです。教師としての評価を気にすることよりも、あなたがいま、教師として正しい行動を行うために、感情をもち込まない塩対応をお勧めします。

おわりに

　新規採用教師とて赴任したとき、「あなたにはフレッシュさが足りない」と言われました。新人でありながら、わからないことをわからないと言わず、自分で何とかしようと奔走して解決していたからだと思います。実際、解決できた気でいました。肩に力が入っていることが悪いことだとは思わず、"全力でやっていること"がモチベーションでした。学校の最終退出者になることや、終電間際の帰宅に、ある意味、酔っていました。

　中堅教師と言われる年代になったいま、年齢や経験年数を重ねたから力が抜けた、というわけではなく、教師としての立場に変化があり、周りの人たちとの関わり方を見つめ直す必要性を感じています。

　些細な変化ですが、例えば文化祭のときに「先生、一緒に写真に写って」と言われる理由が、記念に残したいからではなく、「映え素材」の一つになったときに、教師側も生徒との関わり方を変えていくべきだと実感したのです。

　保護者対応も同様に、時代が変わり、学校に求めるものが変わってきたと感じました。そして、いままでの方法で仕事をしていたら、いつまでも業務は縮減できず、仕事が自分に依存する状態では負担は減らない、と思うようになりました。

　同僚との人間関係は若い頃から悩んできました。教師の独特な世界にどっぷりと浸ることも大切だと思ってはいたものの、

仕事とプライベートは分けたいし、教師だけのコミュニティに
いると視野が狭くなってしまうのではないか、と危機感を抱い
ていました。だからといって、最初から「冷たい人」と思われ
てはいけないと、職場で誰を敵に回してはいけないのか、たま
には雑談にも乗るべきなのか、と神経をすり減らしていました。
公立学校の場合は人事異動がありますが、私立学校の場合は異
動がなく、人間関係に気を遣う場面が多いと聞いたことがある
ので、もっと大変なのかもしれません。

　本書は平日の夜や土日に執筆しました。平日の日中は、中学
生や高校生と関わる中で、学校以外のことを考える余地はあり
ません。授業やその他の業務、トラブルの対応などに明け暮れ
ています。思い通りにならない状況や、決して落ち着いて仕事
のできる環境ではない職員室に日々苛立ちを感じています。家
に帰ったら、授業準備をしながら今日起こった嫌なことや周囲
から言われた嫌味を思い出して、怒りが再燃したり、誰かに話
を聞いてもらいたくなったりします。感情と出来事を切り分け
て、完全に「塩対応」ができていれば、悩まないのでしょうが、
あの対応は正しかったのだろうか、もっと別の言い方や方法が
あったのではないか、と振り返っています。執筆しながら、い
ろいろな人の顔や声が浮かび、仕事と切り離せない中でモヤモ
ヤしながら、どうするのが最適なのかを考えている自分がいま
した。つまり、まだ私も完全に「塩対応」をマスターしたわけ
ではなく、時には失敗した、と思うこともあるのです。

土日は部活動の指導等で忙しい教師が多いのですが、私の場合は、今年は副顧問という立場に甘えて、土日の対応は要請があったときのみにしてもらっています。大学の非常勤講師の仕事があり（もちろん兼業届を提出しています）、日曜日にはまた別の仕事や会議など、まとまった時間を捻出することができず、落ちこむ暇もないほど様々な締切に追われています。

　ある意味、このようなON・ON・ON・時々OFFの切り替えが私を救っています。「塩対応」せざるを得ない状況こそが、「塩対応」が私の中で定着した一番の要因だと思っています。

　自分が何でもやらなければならない、と責任感をもって行動することは良いことですが、教師自身にも自分の人生があり、学校や生徒のことばかりを考えていられるわけではありません。どんなに気を付けていても、私たちは人間ですから、体調が優れない日も、元気が出ない日も、イライラするときもあるのです。「塩対応」が完全でないときもあるのです。プログラムされたロボットのようにいつも一定の対応はできないのです。

　それでいいのだと思います。「塩対応」を意識して冷静に対応するのと、闇雲にがむしゃらに対応するのとでは、それだけでもきっと効果に差が出てくることでしょう。

　真面目な人ほど病んでしまう職場、お客様化する生徒や保護者、生徒の対応はできても保護者からのクレームに怯える同僚、何事も穏便に済ませたい管理職。こんな環境で、教師はいま、どこを向いて仕事をすればいいのでしょうか。

大きな変革は難しいけれど、自分だけでできる小さな改革はできるかもしれない。その一歩が、あなた自身から仕事を「切り離す」という作業です。自分がいないと学校や業務が成り立たない、というのは錯覚です。あなたがいることで誰かが助かることは事実ですが、いなければいないで誰かがカバーするものですし、カバーできないといけないのです。「オンリーユー」は恋人や家族に使う言葉であり、職場で使う言葉ではないのです。勇気を出して、バトンを他の人に渡しましょう。全てを抱えるのではなく、自分らしく生きていくツールとして「塩対応」を活用してください。

　最後に、「塩対応」に気付かせてくれた生徒や保護者、同僚、私の少し強気の発言や「塩対応」を「またいつものが始まった」「もっといけ！」とほほ笑んでくれる人、受け入れてくれる仲間に感謝しています。この「塩対応」は、複数の試練があったときに「より最適な関わり方」を目指した結果と、日々のサポートをしてくださっている方々によって定着することとなりました。そして何より、この「塩対応」が今後の教師の働き方に必要だと思って書籍化してくださった編集担当の戸田幸子さんに、心から御礼申し上げます。
　あなたも私も、これからも教師として、自分らしくいられますように。
　「塩対応」がその助けになれたのなら、光栄です。

2022年11月7日　峯岸久枝

● 著者プロフィール

峯岸久枝（みねぎし・ひさえ）

1982年埼玉県生まれ。大学卒業後、IT系企業で大規模社会インフラシステムを担当。

在職中、大学生向けの就職活動支援を行ったことがきっかけとなり、キャリアカウンセラーの資格を取得（GCDF－Japan）。

同時に、通信制大学で教員免許状を取得し、教師となり、在職しながら大学院で修士課程（経営学）を修了。

現在は東京都内の中高一貫教育校に勤務しながら、複数の大学で教職科目の非常勤講師も務める。

共著として『高校クラス担任の基本とQ&A』（学事出版）。

先生のための　塩対応の技術

2023年1月12日　初版第1刷発行

著　者	峯岸久枝
発 行 者	安部英行
発 行 所	学事出版株式会社

〒101-0051　東京都千代田区神田神保町1-2-5　和栗ハトヤビル3F
電話　03-3518-9655（代表）　https://www.gakuji.co.jp

編集担当　戸田幸子　　装丁　高橋洋一　　イラスト　海瀬祥子
本文デザイン・組版　株式会社明昌堂　　印刷・製本　精文堂印刷株式会社